Marcelo
BIELSA

'광인' 비엘사의 리즈 유나이티드 전술 콘셉트

Marcelo BIELSA

'광인' 비엘사의 리즈 유나이티드 전술 콘셉트

삼호미디어
samho MEDIA

Marcelo
BIELSA

Contents

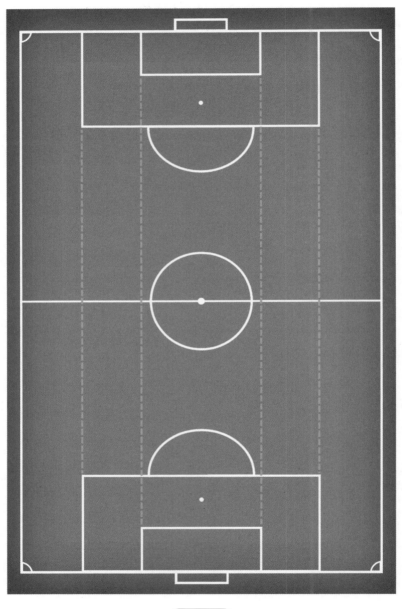

그림 1

Chapter 1
4-1-4-1 또는 3-3-1-3

마르셀로 비엘사(Marcelo Bielsa) 감독이 지휘한 2019/20 시즌 리즈의 전술 모델을 평가하려면 우선 팀의 구조와 형태를 이해할 필요가 있다. 포메이션은 중요하지 않다는 주장도 있는데, 이러한 주장은 선수들의 포지션이 공과 상대 선수, 동료 선수들의 위치 등에 따라 상대적으로 유동적이라는 점을 근거로 하고 있다.

필자는 포메이션의 중요성에 대해 중도적인 입장이다. 하지만 포지션과 선수 대형의 중요성을 완전히 폄하할 수는 없다. 비엘사처럼 공의 소유 여부와 상관없이 매우 구체적인 전술 콘셉트를 가진 감독은 앞에서 열거한 요인들에 따라 선수들이 필드 위에서 어느 위치에 있는지를 파악하는 능력이 있다. 지금부터 우리는 전술적인 관점에서 분석한 예시를 통해 비엘사 감독의 전술 콘셉트를 파악해볼 것이다. 먼저 그가 주로 사용하는 포메이션에 대해 알아보자.

비엘사는 감독 생활 내내 매우 확고한 스타일을 고수하는 것으로 유명하다. 칠레 대표팀을 지휘할 때는 극도로 공격적인 3-3-1-3에서 거의 벗어나지 않았다. 하지만 어느 정도의 전술적인 유연성을 보여주면서 자신이 한 가지 시스템에만 의존하는 감독이 아니라는 것을 보여줬다. 아틀레틱 빌바오에서는 여전히 3-3-1-3을 사용하면서도 조금 더 조직적인 4-1-4-1로 변화하려는 모습을 보여줬다. 그 이후 마르세유에서는 더블 피보테(후방 빌드업을 책임지는 수비형 미드필더)가 중원을 장악하는 4-2-3-1을 주로 사용하기도 했다.

비엘사 감독이 갑자기 포메이션에 변화를 주려는 의지를 보인 것은 예상 밖이었다. 사실 포메이션 자체보다도 그 바탕에 깔린 아이디어가 흥미로웠다. 하지만 어떤 시스템을 사용하든, 그의 경기 모델을 떠받치는 전술 콘셉트는 여전히 분명했다.

비엘사가 감독으로 선임된 2018년 6월 15일, 리즈의 분위기는 순수한 기대로 가득했다. 이는 단지 리즈 팬뿐만이 아니라, 비엘사의 전술적 접근에 매료된 전세계 팬들의 기대도 있었다. 과연 비엘사가 과거에 지도해온 선수들보다 한 단계 낮은 수준의 선수들과 함께 전술적으로 어떠한 모습을 보여줄까? 첫 시즌의 해답은 느슨한 4-1-4-1이었고, 때로는 3-3-1-3도 사용했다.

이후 프리미어리그 승격을 이뤄낸 2019/20 시즌에는 전술적 관점에서 변화가 느껴졌다. 여전히 4-1-4-1이 주 시스템이었지만, 3-3-1-3을 사용하는 경기들이 더 잦아졌다. 이 두 포메이션이 비엘사에게 왜 그렇게 중요한지를 이해하려면 우선 두 포메이션의 차이부터 알아야 한다.

이를 위해 포지션을 그룹 별로 나눠 10명의 선수가 포메이션에 따라 어떻게 다르게 움직이는지를 살펴보겠다. 어떤 포메이션을 사용하든 똑같은 골키퍼는 제외한다.

그럼 두 포메이션에서 가장 큰 차이가 나는 수비진부터 살펴보자. 비엘사의 전술 콘셉트 중 수비 1선에 항상 상대 공격수보다 한 명 더 많은 수비수를 배치하는 '+1' 구조는 아주 유명하다. 만약 상대가 원톱을 사용하면 비엘사는 최소 두 명의 센터백(중앙 수비수)을 배치하고, 상대가 투톱을 사용하면 세 명의 센터백을 배치하는 식이다. 이는 수비 1선에 자유롭게 움직일 수 있는 선수를 한 명 남겨둬야 한다는 아이디어를 기반으로 만들어졌다. 그렇게 하면 동료를 커버할 수도 있고, 상대를 마크할 때도 유연성을 더 확보할수 있다. 3-3-1-3의 수비 1선에서는 두 명의 수비수가 상대 공격수 둘을 마크하고 한 명의 수비수는 자유롭게 움직인다. 4-1-4-1의 수비진에서는 한 명의 수비수가 상대 공격수를 마크하고 다른 한 명의 수비수는 자유롭게 움직인다. 여기에 풀백(측면 수비수)은 포함되지 않는다. 후술하겠지만 4-1-4-1에서 풀백은 더욱 역동적인 역할을 수행한다.

다음으로 수비진과 미드필드 사이의 공간을 보자. '6번' 수비형 미드필더 포지션에는 리즈 유소년팀에서 성장한 칼빈 필립스(Kalvin Mark Phillips)가 있다. 비엘사는 공의 소유 여부와 상관없이 선수들에게 많은 임무를 요구하는데, 그 중에서도 6번의 임무는 가장 중요한 축에 속한다. 4-1-4-1에서의 6번은 수비진 앞에 홀로 서서 두 명의 센터백들과 함께 삼각 형태를 유지하며 수비 임무를 더 많이 맡게 된다. 이때 센터백들은 양 측면으로 찢어지고, 6번이 중앙 지역을 조율한다. 상대가 수비에서 빠르게 역습으로 전환하는 순간에도 6번이 가장 먼저 대응하여 나머지 수비진이 재정비하기 전에 상대가 공간을 공략할 수 없도록 커버한다.

또한 6번은 리즈가 공격할 때 패스 전개를 돕기 위해 공의 흐름에 따라 다양한 위치로 이동하고, 때로는 수비진까지 물러나서 두 명의 센터백과 함께 3백을 형성하기도 한다. 흥미로운 점은 6번이 반드시 두 센터백 사이로만 움직이는 것이 아니라 센터백과 풀백의 사이 공간으로도 움직인다는 것이다. 이러한 움직임은 상대가 공격적으로 전진 압박을 했을 때 나타나는데, 6번이 센터백과 풀백 사이 공간으로 움직이게 되면 리즈는 빌드업의 각도를 바꿔 기존에 비어 있던 포지션에서 수직 패스를 할 수가 있다.

4-1-4-1 포메이션에서 리즈가 공격할 때 6번은 공을 받아 수직 패스를 연결하는 능력이 중요하다. 이 '수직성' 콘셉트는 수비진에서 백패스나 횡패스로 소유권을 유지하려는 것이 아니라, 6번이 어디든 수직 방향 최대한 위쪽으로 공을 보내게 하는 것이다. 필립스는 이 역할을 맡아 뛰어난 패스 범위를 자랑하며 윙어(측면 공격수)에게 대각선으로 공을 전달하기도 하고, 전진해 있는 중앙 미드필더나 골문을 등지고 선 스트라이커(최전방 공격수)에게 공을 전달해 연계 플레이를 펼칠 수 있게 한다. 이때 최소한 한 명 또는 두 명의 풀백이 모두 안쪽으로 움직여 6번을 보조하며 패스 선택지를 늘린다. '수직성'에 대해서는 4장에서 좀 더 자세히 살펴보겠다.

3-3-1-3에서는 두 명의 풀백이 윙백(공격적으로 더 자유롭게 움직이는 측면 수비수)으로 경기를 시작해 6번이 맡았던 역할을 수행한다. 이 포메이션에서는 세 번째 센터백의 존재로 인해 6번의 역할이 바뀌는데, 4-1-4-1에서와 같이 센터백들과 함께 수비 조직을 구성하는 대신 더 자유롭게 움직이며 공이 깔끔하게 전진할 수 있도록 지원하는 역할을 맡는다. 또한 상대가 역습을 노릴 만한 취약한 공간을 커버하기도 한다.

3-3-1-3 포메이션에서 리즈가 공격할 때 6번은 윙백들의 지원을 받으며 하프 스페이스(중앙과 측면의 사이 공간)를 공략한다. 그러면 윙어들은 측

면 선상에서 상대 풀백과 맞서 일대일 돌파를 시도할 수 있는데, 이때 순간적으로 리즈가 상대 진영 공간을 점유하면서 상대를 하프라인 아래에 가둬놓고 경기를 지배할 수가 있다. 3-3-1-3 포메이션에서는 윙백의 역할이 핵심인데, 이들은 공의 위치에 따라 유동적으로 움직여 포지션을 바꿔야 한다. 때로는 공격 가담으로 측면 공격수를 돕거나, 중앙 미드필더가 전진했을 때 생긴 중원 공간을 메우기도 한다.

이번에는 두 포메이션의 미드필드 라인을 살펴보겠다. 이는 4-1-4-1에서의 4 미드필더, 3-3-1-3에서의 1 미드필더를 의미한다. 4 미드필더는 두 명의 중앙 미드필더와 두 명의 측면 미드필더로 구성된다. 공격 시에는 미드필드 라인의 특성상 빠르게 전진하는데, 이때 측면 미드필더들은 윙어와 같은 역할을 수행해 가능한 한 높은 지점까지 올라간다. 비엘사는 이러한 움직임을 통해 두 가지 확실한 목표를 노린다. 우선적인 목표는 상대 수비수들이 윙어들을 마크하도록 강제하는 것이다. 그러면 상대가 뒤로 물러서서 촘촘한 수비 블록을 구성할 수가 없게 되고, 이로 인해 생긴 중앙 공간을 중앙 미드필더들이나 스트라이커가 공략할 수 있게 된다.

두 번째 목표는 공과 먼 쪽의 측면 선수들에게 방향 전환 패스를 하여 공격 기회를 만들어주는 것이다. 방향 전환 패스를 받은 측면 선수들은 상대 풀백들과 일대일로 맞서게 된다. 이때 중앙 미드필더들은 중원 공간을 완전히 비워두고 전진하는데, 이처럼 '8'번 역할로 불리는 중앙 미드필더들이 스트라이커에 가까운 위치까지 전진했다는 것은 수직 패스를 시도한다는 뜻이다.

3-3-1-3에서의 1 미드필더는 언급할 선수가 한 명밖에 없다. 그건 바로 폴란드 국가대표 미드필더인 마테우시 클리흐(Mateusz Andrzej Klich)다.

비엘사는 이 포메이션의 중앙 미드필더를 '엔간체(enganche, 고리)'라고 부르는데, 이는 아르헨티나에서 미드필더와 공격을 연결하는 '10번' 플레이메이커 역할 선수를 지칭하는 의미다. 클리흐는 이 역할을 맡아 뛰어난 활약을 펼쳤고, 꾸준하게 하프 스페이스나 측면까지 움직이면서 상대보다 수적 우위를 점했다.

4-1-4-1에서는 두 명의 중앙 미드필더, 혹은 8번이 서로 유사한 역할을 맡는다. 클리흐는 여러 파트너와 중원을 구성했는데, 시즌 막바지에는 스페인 출신의 베테랑 파블로 에르난데스(Pablo Hernández Domínguez)가 클리흐의 파트너 역할을 고정적으로 소화했다. 이 포메이션에서 두 명의 8번은 전진해서 스트라이커와 연계 플레이를 펼치거나, 번갈아가며 측면으로 움직인다. 이로 인해 6번과의 공간이 벌어지면, 풀백들이 그 공간을 점유해 중원에서 공을 돌릴 수 있게 하는 역할을 수행한다.

마지막으로 최전방을 살펴보겠다. 3-3-1-3에는 당연히 세 명의 선수가 있고, 이는 두 명의 윙어와 한 명의 '9번' 스트라이커로 구성된다. 윙어들은 4-1-4-1에서의 측면 미드필더들과 똑같은 역할을 맡아 상대 진영으로 최대한 전진하고 측면으로 벌리는 움직임을 수행한다.

9번은 이와 반대로 주로 중앙이나 하프 스페이스에 머무르면서 골문을 등지고 패스를 받아 연계 플레이를 구사한다. 공이 파이널 서드(경기장을 3등분 했을 때 최종 공격 지역)로 오면, 9번은 지능적인 움직임으로 상대 페널티 박스 안쪽 공간을 공략해 들어간다. 비엘사 감독이 승격을 이뤄낸 2019/20 시즌 내내 9번으로 가장 선호하던 선수는 바로 패트릭 뱀포드(Patrick James Bamford)였다. 뱀포드는 비록 득점 기회를 자주 놓치기로도 유명하지만, 기술적인 능력이 뛰어난 덕분에 감독이 원하는 역할을 완벽하게 수행할 수 있었다. 4-1-4-1에서의 최전방은 당연히 3-3-1-3에서의 9번 역할과 완전히 똑같다.

　두 시스템을 이론적으로 다뤘으니, 이제 실제 예시를 통해서 각 라인이 어떻게 상호 작용을 하는지 살펴보겠다.

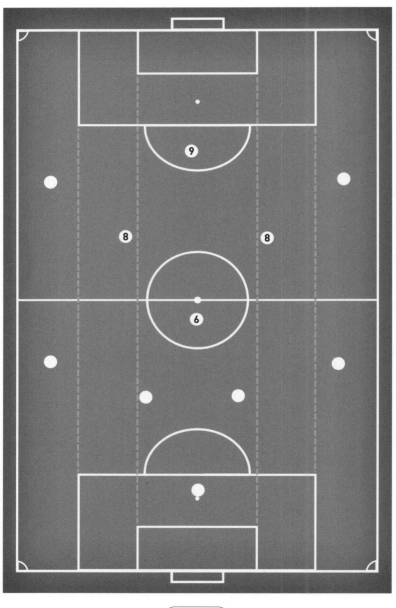

그림 2

우선은 지금까지 다룬 두 포메이션의 포지션 구조를 분석해보자. 앞서 서술한 글만 보고 시스템과 포지션을 쉽게 떠올리는 사람도 있겠지만, 시각적으로 살펴보는 쪽을 선호하는 사람도 있을 것이다. 먼저 4-1-4-1 시스템을 보자. 명확한 설명을 위해 상대 팀의 포지션은 제외했다.

수비 1선에는 네 명의 선수로 구성된 수비진이 있다. 리즈가 공격할 때, 수비진에서는 풀백들이 전진하거나 중원으로 이동해 공격 작업을 돕는다.

다음 라인에는 6번이 수비 1선과 3선 사이 공간에 자리한다. 이 라인은 비엘사가 운용하는 4-1-4-1 포메이션의 핵심 중 하나다. 6번은 수비 커버뿐만 아니라 공격 시 전진 패스를 담당하는 핵심 선수 중 하나가 된다.

그 다음 라인은 두 명의 8번과 두 명의 측면 자원으로 구성된 네 명의 미드필더다. 수비 1선과 마찬가지로 이 라인에서의 선수 위치는 명목상의 포지션일 뿐이다. 네 명의 미드필더들은 리즈가 공격할 때 빠르게 전진하는데, 두 명의 8번은 전진하여 최전방에서 연계 플레이를 펼치고 측면 자원들은 옆으로 넓게 벌리며 전진한다. 미드필더들은 수비할 때도 조직적인 수비 블록을 형성하지 않는다. 대신에 각각의 선수가 상대에게 가까이 붙어 대인 마크를 수행한다.

마지막으로 최전방에는 당연히 한 선수뿐이다. 9번은 리즈가 최전방에 진입했을 때 상대 수비 틈으로 공간을 찾아 들어가 패스 옵션을 늘리는 중요한 역할을 맡고 있다.

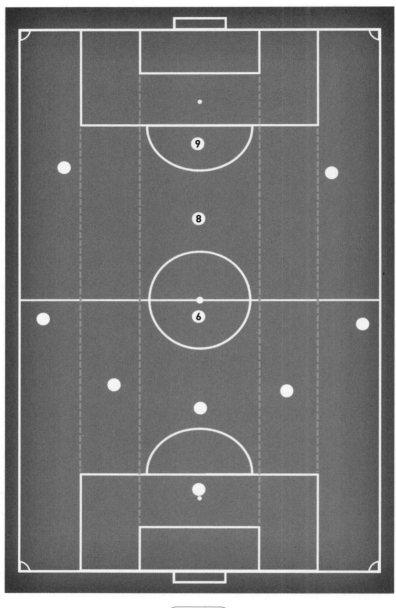

그림 3

이번에는 3·3·1·3 시스템을 같은 방식으로 살펴보겠다.

수비 1선에는 세 명의 수비수가 넓게 서 있다. 상대가 두 명의 스트라이커를 기용하더라도 리즈는 수비 1선에 '+1'을 유지해 한 명의 자유로운 수비수를 보유하게 된다.

다음 라인에서는 두 윙백이 6번을 보조하는데, 이 두 명의 윙백은 리즈가 공을 잡은 상황에서도 곧바로 전진하지는 않는다. 대신에 더 중앙 지향적이고 수비 지향적인 움직임으로 패스 전개를 돕는다. 이러한 면에서 비엘사가 지휘하는 리즈의 전술적 유연성을 엿볼 수 있다. 만약 공이 파이널 서드에 진입하면 윙백들도 전진해 측면 공간에서 수적 우위를 점한다.

그 다음 라인은 한 명의 미드필더인데, 6번이 아닌 8번이 홀로 서 있다. 3·3·1·3 포메이션에서는 이 역할을 맡은 선수가 리즈의 공격 전개를 시작하기 때문에 전술의 핵심인 셈이다. 공격 시 8번은 하프 스페이스로 움직이며 윙어 또는 윙백과 연계하고, 패스 각도와 속도에 변화를 주며 공격 흐름을 조절한다.

마지막으로 공격 라인에는 세 명의 선수가 전진해 있다. 이번에도 윙어들은 옆으로 넓게 벌려 상대 풀백과 일대일로 맞서고자 한다. 9번은 4·1·4·1에서와 같은 방식으로 움직이며 발밑으로 수직 패스를 받을 수 있도록 한다.

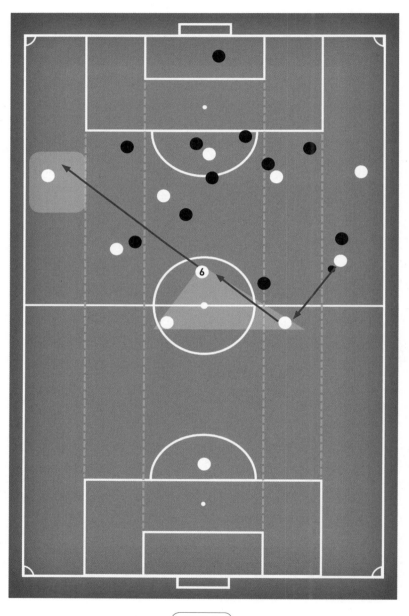

그림 4

이번에는 4-1-4-1 시스템에서 선수 개개인이 맡고 있는 역할에 대해 살펴보 겠다. 먼저 6번, 한 명의 수비형 미드필더부터 알아보자.

우선은 6번의 수비적 중요성을 강조하고 싶다. 이 선수는 중원 지역에 머무르거나 하프 스페이스 이상으로 넓게 움직이지 않으면서 두 명의 센터백과 함께 삼각 대형을 형성한다. 이처럼 6번이 위치 선정을 잘 하고 지능적으로 움직이면(특히나 필립스는 이러한 면에서 뛰어나다), 상대가 공을 빼앗아 빠르게 역습을 시도하더라도 리즈 수비진 앞쪽의 주요 공간을 쉽게 내주지 않게 된다. 또한 상대가 스트라이커에게 수직 패스를 넣기가 아주 어려워진다.

6번의 후방 위치 선정은 리즈가 공을 갖고 패스를 전개할 때도 중요하다. 공격 시 빠른 방향 전환을 위해 자주 활용하는 선수가 바로 6번이기 때문이다. 그림 4에서 관련 예시를 볼 수 있는데, 센터백에게 백패스가 이어진 직후 빠르게 6번에게 공이 전달된다. 이 위치에서 왼쪽으로 대각선 패스가 연결되면 그 공간에 있던 윙어는 상대 풀백과 일대일로 맞설 수 있게 된다.

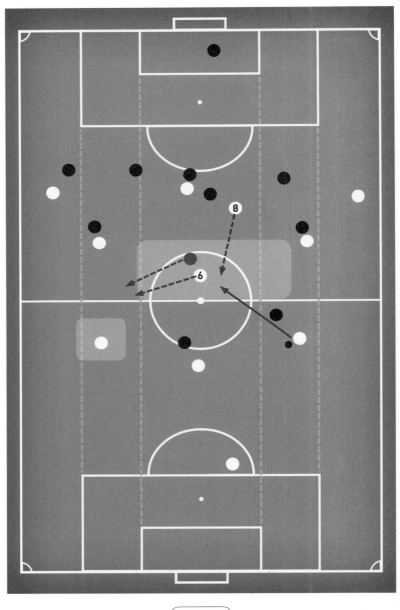

그림 5

그림 5는 3-3-1-3 시스템에서 6번의 움직임을 보여주는 예시다. 리즈가 수비 1선에서부터 패스를 전개하는 장면인데, 여기서 주목할 부분은 상대 공격수 두 명이 압박을 해오더라도 리즈는 '+1'을 유지해 한 명의 자유로운 수비수가 남는다는 것이다.

앞서 4-1-4-1 시스템에서는 6번이 패스 전개에서 아주 중요한 역할을 담당했지만, 3-3-1-3 시스템에서는 조금 달라진다. 이 시스템에서의 6번은 왼쪽이나 오른쪽으로 움직여서 상대의 주목을 피하거나, 상대 선수를 중앙 지역에서 끌어내는 모습을 자주 볼 수 있다.

그림 5를 보면 6번 역할인 필립스가 공에서 멀어지며 상대 수비를 원래 포지션에서 끌어낸다. 이로 인해 중앙 지역에 만들어진 공간으로 8번이 전방에서 내려와 센터백으로부터 패스를 받을 수 있게 된다.

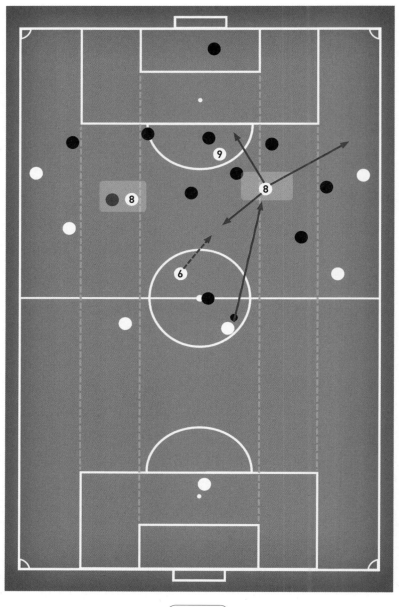

그림 6

이번에는 4-1-4-1 포메이션에서 8번의 역할과 위치에 집중해보겠다. 리즈가 공격할 때 두 명의 8번은 모두 상대 수비 조직에 혼란을 주기 위해 전진한다. 이 수직 움직임으로 두 명의 8번과 두 명의 윙어, 그리고 9번까지 다섯 명이 하나의 블록을 형성한다. 이때 6번은 센터백들과 함께 후방에 머무르면서, 리즈가 공격과 수비 유닛으로 분명하게 나뉘는 걸 볼 수 있다. 풀백들은 공의 위치에 따라 다양한 지시를 수행하면서 공수의 분리를 조정하고, 둘을 연결하기도 한다. 빌드업을 전개할 때 풀백들은 폭을 좁히거나 뒤로 물러서지만, 공이 전방에 있을 때는 측면에서 전진하여 수적 우위를 점한다.

그림 6은 8번의 위치를 강조하고 있다. 공과 더 가까운 쪽에 있는 8번이 공간을 찾아 들어가 수직 패스를 받으면 페널티 지역을 공략할 수 있게 된다. 8번은 이 위치에서 여러 선택지가 생기는데, 측면으로 패스하거나 9번에게 패스할 수도 있고, 뒤쪽의 6번과 연계해 전진-후진-침투 움직임을 가져갈 수도 있다. 전진-후진-침투에 대해서는 나중에 더 자세히 다루겠다.

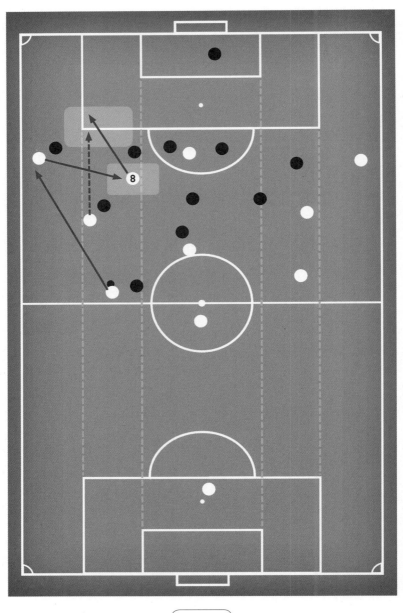

그림 7

마지막으로 3-3-1-3 포메이션에서 공격 2선에 있는 8번, '엔간체'의 중요성을 살펴보겠다.

그림 7에서 왼쪽 센터백이 왼쪽 윙어에게 수직 패스를 연결하는 것을 볼 수 있다. 이 상황에서 윙어는 상대 수비수와 빠르게 일대일로 맞서려는 경우가 많지만, 8번과 윙백의 위치에 따라 측면에서 수적 우위를 점하기도 한다.

윙어는 공을 받자마자 안쪽의 8번에게 건네준다. 이때 윙어는 폭 넓은 위치 선정으로 상대 수비 간격을 늘어놓는 게 중요한데, 이는 상대 풀백과 센터백 사이의 간격을 넓혀 윙백이 그 공간을 공략할 수 있게 하기 위함이다.

8번이 공을 받으면 윙백은 상대 수비 시야 밖으로 움직여 이 간격을 공략한다. 8번은 윙백의 침투에 맞춰 정확한 타이밍에 패스를 주고, 윙백은 상대 수비진을 뚫고 들어가며 패스를 받는다.

Chapter 2
대인 중심 방어

축구에서 상대를 수비하는 방법은 대인 방어와 지역 방어로 나뉜다. 두 스타일의 장점을 두고 자주 토론이 벌어지지만, 사실 축구에서 둘 중 한 가지 스타일만을 채용하는 경우는 드물다. 대부분의 프로 수준 팀들은 두 가지를 모두 접목한 접근법을 취한다. 경기 상황과 공의 위치에 따라 각기 다른 방어법을 사용하는 것이다. 이는 공을 중심으로 생각하는 방식인데, 예를 들어 상대가 자기 진영 수비진이나 미드필드에서 공을 가졌을 때는 각 선수가 자신의 지역을 책임지고 방어하며 그 공간으로 들어오는 상대를 막는다. 만약 공이 파이널 서드에 진입하게 되면 수비 1선이 대인 방어 시스템으로 바뀌어 페널티 지역 주변과 안쪽에서 상대에게 공간을 내주지 않는다.

온전히 대인 방어나 지역 방어로만 수비진을 꾸리는 감독은 거의 없지만, 비엘사 감독은 예외다. 그는 완전한 대인 중심 방어 시스템을 선호한다.

이 책이 집필된 시점에는 리즈가 2020/21 프리미어리그에 임하고 있다. 비록 이 책은 승격을 이뤄낸 2019/20 시즌을 중심으로 집필됐지만, 2020/21 시즌 경기에서 리즈의 대인 중심 방어 시스템을 완벽하게 보여줄 수 있는 흥미로운 예시가 있어 살펴보고자 한다.

　때는 리즈의 시즌 첫 프리미어리그 경기로, 디펜딩 챔피언인 리버풀을 안필드 원정에서 상대했을 때다. 리즈가 막아야 했던 상대 공격수 호베르투 피르미누(Roberto Firmino Barbosa de Oliveira)는 전술적으로 독특한 움직임을 갖춘 9번 선수이다. 리버풀 공격 전술의 핵심적인 특징 중 하나는 피르미누가 밑으로 내려와서 공격진과 미드필드를 연결하는 것이다. 그렇게 되면 상대 수비는 까다로운 선택을 해야 한다. 피르미누를 따라 중원까지 가서 수비진에 공간을 노출할 것인가? 아니면 피르미누가 자유롭게 패스를 받도록 놔둘 것인가?

　리즈와의 경기에서 피르미누는 리버풀의 6번 위치까지 깊이 내려가서 패스를 받으려 했다. 그러나 뒤를 돌아봤을 때 리즈 센터백인 로빈 코흐(Robin Koch)가 리버풀 진영까지 따라온 것을 보고 깜짝 놀랄 수밖에 없었다. 이는 비엘사가 선호하는 대인 방어 시스템이 얼마나 철저한지를 보여준다. 자신에게 지정된 상대를 방어하기 위해서는 어디든 따라가는 것이다.

　리즈의 수비가 왜 이렇게 독특한지를 이해하기 위해서는 우선 수비가 어떤 방식으로 작동하는지를 파악해야 한다.

　비엘사의 수비 조직은 수비진에 상대 공격수보다 한 명 많은 수비수를 두는 '+1' 콘셉트를 활용한다. 반대로 전방에서는 상대 수비보다 한 명 적은 공격수로 압박을 시작한다. 예를 들어 상대가 두 명의 센터백으로 빌드업에 나선다면 리즈는 한 명의 공격수가 압박을 가하고, 상대에게 세 명의 수비수가 있다면 리즈는 두 명의 공격수가 압박을 가하는 식이다. 이런 방식으로 전방 압박을 하면 리즈의 나머지 수비 블록은 대인 방어 시스템을 유지할 수가 있다. 때로는 자신이 방어할 선수를 놔두고 압박에 가담하는 경우도 있는데, 이는 3장에서 압박에 대해 다룰 때 설명하도록 하겠다.

리즈는 전방에서 한 명이 적은 상태로 압박을 시작하지만, 수비진에는 상대보다 한 명이 많다. 따라서 자유로운 한 명의 수비수가 커버를 하기 때문에 수비진의 균형을 유지할 수 있는 것이다. 2019/20 시즌에 치른 대부분 경기에서 이 자유로운 수비수는 바로 벤 화이트(Benjamin William White)였다. 잉글랜드 출신의 젊은 수비수인 화이트는 프리미어리그 소속 브라이튼으로부터 임대된 선수였다. 화이트는 뛰어난 수비 본능과 수비진 전체를 커버하는 기민한 움직임을 보여줬다.

한 명의 수비수를 더 둬서 수비진에 안정을 주는 콘셉트는 그 위험과 보상이 치열하게 공존한다. 상대 선수는 대인 방어로 인해 리즈의 수비수를 따돌리기가 어려울 것이다. 하지만 만약 상대가 리즈 진영의 공간으로 파고들면 어떻게 대응해야 할까? 답은 꽤 간단하다. 직관적으로 대응하는 것이다. 이는 리즈 선수들이 수비 상황에 따라 자신이 방어해야 할 선수를 조정하도록 감독으로부터 철저하게 훈련을 받았기에 가능한 일이다.

이러한 수비를 효과적으로 해내기 위해서는 공의 위치를 기준으로 움직여야 한다. 공에 가장 가까이 있는 선수가 자신이 방어할 상대를 바꾸는 것이다. 만약 중원에서 공을 내줘 상대가 골문을 향해 공을 몰고 오는 상황이라면, 비엘사 밑에서 뛰는 선수들은 누구나 그 공격을 막기 위해 어떻게 자신이 방어할 상대를 바꾸고 수비를 조정해야 하는지 이해하고 있어야 한다.

방어할 상대를 바꾸는 유일한 규칙은 공보다 뒤쪽에서 커버를 들어와 수비진에 한 명의 수적 우위를 유지하는 것이다. 어떤 상황에서도 이를 포기해서는 안 된다. 비엘사의 4-1-4-1이나 3-3-1-3 포메이션에서는 주로 측면 선수들이 수비진으로 달려와 균형을 유지하려고 한다.

만약 리즈 선수가 자신에게 지정된 상대를 막을 수 없는 상황이라면 두 번째 대응법을 적용해야 한다. 그것은 바로 패스 길을 차단하는 위치로 최대한 가까이 움직이는 것이다. 그렇게 하면 상대는 공을 가진 채로 더 전진하게 된다.

필립스는 2020년 7월 '디 애슬레틱'과의 인터뷰에서 수비 전환 시 첫 움직임에 대해 다음과 같이 말했다. "가장 먼저 생각하는 건 내가 막아야 할 상대가 어디에 있는지다. 위치를 파악해서 최대한 빨리 가까이 붙을 수 있으면 된다. 가까이 있으면 내 위치와 수비 대형 모두 괜찮은 거다. 가까이 있지 않다면 그때는 공을 가진 상대의 패스 길을 차단하려고 한다. 내가 원래 막아야 할 상대가 그 패스를 받게 되면 문제가 되기 때문이다. 상대가 패스를 받았을 때 내가 먼 곳에 있으면 완전히 잘못된 거다. 하지만 늘 대인 방어를 펼치기 때문에 수월한 편이다. 막아야 할 상대를 놓치지만 않으면 괜찮다는 것만 생각하면서 뛴다."

이는 리즈 선수들이 수비 전환을 시작할 때 어떤 판단에 따라 움직이는지 알 수 있게 해주는 귀중한 인터뷰다. 패스 길을 차단해 공의 전진을 막는 것이 상대 선수를 가까이에서 막는 것 다음으로 비엘사에게 중요하다는 걸 알려준다. 또한 수비진 전체가 무너지지 않기 위해서는 유연성이 필요하다는 것도 알 수 있다.

온전한 대인 방어는 선수 개개인에게 엄청난 체력과 정신력을 요구한다. 리즈 선수들이 막아야 할 상대를 늘 파악하고 있으려면 높은 수준의 집중력이 필요하고, 공의 위치를 기준으로 움직이는 것 또한 일정한 수준을 유지하기가 굉장히 어려운 일이다. 그런데도 이런 수비 시스템이 작동 가능하고 심지어 효율적이기까지 하다는 건 비엘사와 코치진이 선수들과 얼마나 높은 수준의 훈련을 하는지를 방증한다.

경기력의 대부분은 강도 높은 주중 훈련으로 완성된다. 비엘사 축구는 '머더볼'로 불리는데, 이는 살인적인 수준의 체력과 정신력을 요구하기 때문이다. 훈련할 때 리즈 선수단은 정상적인 11대11 경기를 연습하며, 공이 경기장 바깥으로 나가는 즉시 코치들이 새로 공을 던져줘 선수들로 하여금 어떠한 경기 상황에서도 집중력을 유지한 채 움직일 수 있도록 한다. 비엘사는 이런 방식의 훈련으로 자신의 팀이 수비 집중력을 유지할 수 있게 하는 것이다.

리즈는 이 훈련과 다른 훈련까지 두 가지를 병행하는데, 이것이 2019/20 시즌 챔피언십에서 리즈의 체력이 가장 좋았던 비결 중에 하나다. 리즈의 공격이 후반전에 크게 강한 모습을 보이자 시즌 도중에는 이러한 훈련법이 트렌드로 떠오르기도 했다.

리즈의 대인 방어 시스템은 흥미로우면서 효율적이기까지 하다. 하지만 선수들이 자신의 포지션에서 벗어나는 경우도 물론 있다. 상대가 중앙에서 측면으로, 또는 측면에서 중앙으로 움직이면 리즈 선수도 이를 따라 움직이기 때문이다. 또한 이러한 대인 방어 시스템은 공을 빼앗아 공격으로 전환할 때 구조적으로 문제가 발생하기도 한다.

리즈는 이러한 문제를 공격 시 선수들이 유동적으로 움직이며 서로 위치를 바꾸는 로테이션 방식으로 해결한다. 지금부터는 리즈의 대인 방어 시스템과 공격으로 전환할 때의 움직임을 실제 사례로 살펴보겠다.

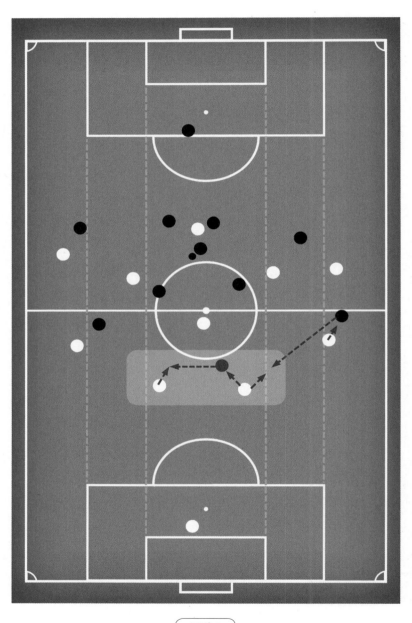

그림 8

우선은 전형적인 지역 방어 형태에서 상대 공격수들의 움직임에 따라 수비수들이 어떻게 움직이는지 살펴보겠다.

그림 8은 리즈가 4-1-4-1 포메이션에서 지역 방어 시스템으로 수비에 임한다면 어떻게 될지를 나타낸 것이다. 상대가 중앙 후방 지역에서 공을 갖고 있는데, 이때 두 센터백의 위치가 가장 중요하기에 강조 표시를 해두었다.

강조 표시한 공간을 보면 두 명의 수비수가 한 명의 상대 공격수를 막고 있다. 처음에는 오른쪽 센터백이 상대 공격수를 막고 있는데, 이 위치에서는 공격수에게 직접 이어질 패스 길이 존재하지 않는다. 만약 상대 공격수가 패스 길을 만들기 위해 강조 표시한 공간의 왼쪽으로 이동하면, 이때는 왼쪽 센터백이 공격수를 막아야 한다.

두 센터백이 방어 임무를 주고받는 데는 조직적으로 아무런 문제가 없어 보인다. 그러나 비엘사는 항상 한 명의 수비수를 자유롭게 두는 것을 선호하며, 이 역할을 2019/20 시즌 내내 화이트가 완벽하게 수행했다. 만약 화이트가 예시와 같이 지역 방어를 신경 써야 했다면 자유롭게 움직이기는 어려웠을 것이다.

두 번째 사례는 리즈의 라이트백(오른쪽 측면 수비수)이 상대 왼쪽 윙어와 맞선 상황이다. 만약 윙어가 중앙으로 이동하면 지역 방어에서 이를 막는 임무는 오른쪽 센터백에게 옮겨져야 하는데, 이러한 구조는 비엘사의 대인 방어 시스템에서는 이뤄지지 않는다.

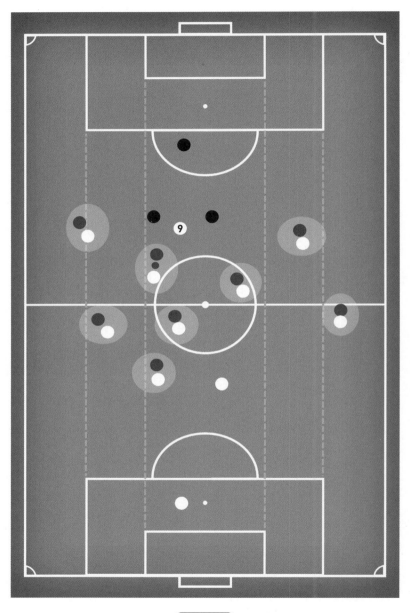

그림 9

그림 9는 다시 한 번 4-1-4-1 대형에서 이번에는 대인 방어가 작동하는 방식을 나타낸 것이다.

보이는 것처럼 모든 선수가 자신의 방어 상대 바로 앞에 위치하고 있다. 여기서 중요한 것은 이러한 원칙을 적용받지 않는 선수가 세 명이 있다는 사실이다. 가장 먼저 골키퍼는 당연하게도 대인 방어에 가담하지 않는다. 두 번째는 센터백 한 명이 자유롭게 움직이며 측면까지 커버하는데, 이는 보통 화이트의 역할이다. 세 번째는 9번 역할을 하는 선수이다. 리즈는 수비 라인을 아주 낮게 내리지 않는 한 9번은 대인 방어를 하지 않는다. 대신에 9번은 전방 압박을 통해 상대 센터백의 패스 길을 차단하려고 한다.

이 그림만 봐도 경기 내내 오랜 시간 대인 방어 시스템을 유지하는 게 얼마나 어려운지를 알 수 있다. 한 명의 센터백을 제외하면 균형이나 커버는 존재하지 않는다. 이러한 수비 형태를 유지하려면 선수들에게 엄청난 집중력이 요구된다.

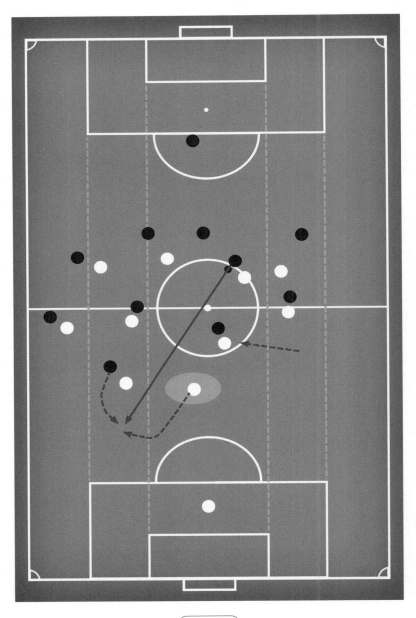

그림 10

36

이번에는 리즈가 수비 시에 한 명의 자유로운 수비수를 남겨두는 것이 왜 중요한지를 살펴보겠다. 비엘사 감독의 방식대로 경기장 전체에서 펼치는 대인 방어의 단점 중 하나는 상대와의 미스매치가 발생할 수 있다는 것이다. 이는 특히 신체적인 면에서 문제가 된다. 예를 들어 상대 측면 자원이나 공격수가 특별히 빠른 경우에는 리즈의 풀백/윙백들과 센터백들이 위험에 노출될 수 있다.

따라서 상대 선수가 신체적으로나 기술적으로 압도적일 경우에는 수비 진에서의 커버가 특히 중요해진다. 전방에서는 이러한 상황이 큰 문제가 되지 않는다. 비엘사가 고안한 방식대로 움직이면 문제가 생길 때 바로 커버가 들어오기 때문이다.

그림 10은 다소 단순한 패스 하나로 리즈의 수비진 뒤쪽 공간이 노출된 상황이다. 리즈의 수비수 뒤쪽을 겨냥한 패스가 날아오고, 상대 공격수는 문전으로 달려들 좋은 기회를 잡았다. 바로 이때 자유롭게 움직이는 수비수가 위험한 상황을 읽고 커버를 들어와 이보다 더 위험한 상황으로 발전되지 않도록 한다.

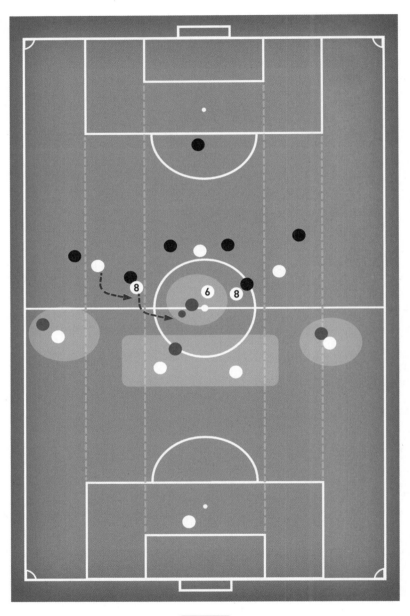

그림 11

그림 11은 상대 선수가 중원에서 탈압박에 성공했을 때 리즈가 수비를 어떻게 조정하는지를 살펴본 것이다. 한 시즌은 고사하고 한 경기에서조차 매번 수비에 성공하리라고 생각하는 건 그야말로 비현실적이다. 그래서 비엘사는 선수가 돌파를 당하거나 제 위치에서 벗어나 있을 경우에 수비 조직을 재구성하는 방법을 지도한다.

여기서는 6번 역할을 맡은 필립스가 전진해서 두 명의 8번과 같은 선상에서 있다. 수비 포지션을 기준으로 보면, 집중력을 잃고 커버도 없이 상대가 중원과 수비진 사이에 공간을 만들 수 있도록 허용한 셈이다.

상대 선수가 이 공간을 공략하려 할 때 리즈 선수들은 포지션을 조정해 위협적인 공격에 거의 곧바로 대응하는 모습을 볼 수 있다. 우선은 왼쪽에 있던 8번 클리흐가 공을 잡은 상대 선수 앞으로 달려온다. 그러면 클리흐가 막고 있던 상대가 자유로워지면서 쉽게 패스를 받을 수 있게 되는데, 이때 왼쪽 윙어 잭 해리슨(Jack 'Jackie' David Harrison)이 빠르게 움직여 클리흐가 막고 있던 상대를 방어하여 수비 균형을 바로 잡는다.

여기서 중요한 것은 공 뒤쪽에서부터 움직여 수비를 조정하는 것이다. 앞쪽 수비가 뚫렸다고 해서 두 풀백 중 한 명이나 자유롭게 있던 센터백이 공을 향해 달려나가 경합을 하게 되면 수비진에 불균형이 발생하기 때문이다. 그러면 상대 공격수에게 훨씬 위험한 위치를 내주게 된다.

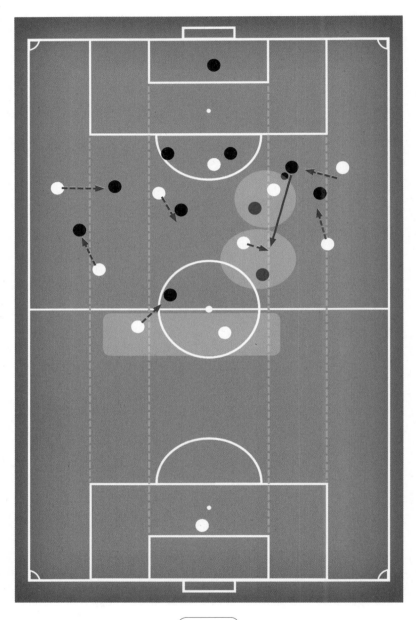

그림 12

리즈가 수비 전환을 시작하는 순간 주목해야 할 부분은 선수들이 부드럽게 대인 방어 체계로 움직이는 것이다. 잠시 29p에 있는 필립스의 인터뷰를 떠올려보자. 리즈 선수들, 특히 필립스는 자기 위치에서 크게 벗어나 있을 때 어떻게 행동할까?

그림 12는 이러한 상황을 나타낸 예시다. 그림을 보면 리즈 선수들이 자신이 방어할 상대에게 가까이 붙는 것을 볼 수 있다. 그러나 필립스는 공과 자신이 방어할 상대 사이에 놓여 있다. 다시 말하지만 비엘사는 이런 상황에서 자유롭게 있던 센터백이 달려나와 커버하는 것을 원치 않는다. 그러면 수비진이 위험에 노출되기 때문이다.

여기서 우리는 필립스가 옆으로 움직여 공과 상대 공격수 사이로 빠르게 자리하는 것을 볼 수 있다. 이렇게 패스 길을 자르게 되면 자유롭게 있던 공격수에게 향하는 공을 가로채 다시 공격을 시작할 수 있다.

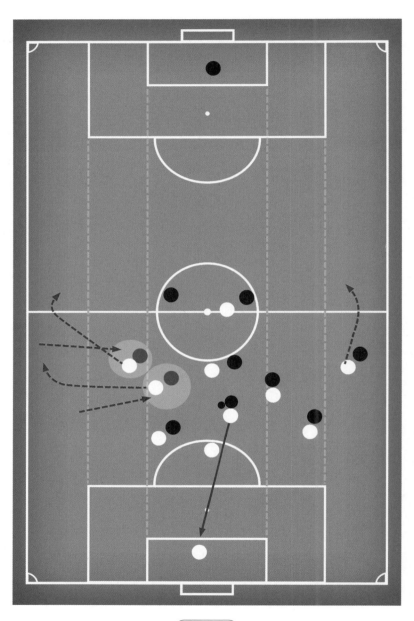

그림 13

리즈의 수비 전환 속도는 인상적이지만, 형태를 바꿔 공격으로 전환하는 속도도 똑같이 빠르지 않다면 아무 의미가 없을 것이다.

리즈 선수들이 수비할 때는 원래 포지션에서 크게 벗어나 움직이는 것을 쉽게 볼 수 있다. 특히나 윙백들은 방어할 상대를 따라 중앙 지역까지 들어와 상대가 패스를 편안하게 받지 못하도록 막는다.

그림 13은 2019/20 시즌 내내 리즈가 공격으로 전환할 때의 전형적인 움직임을 나타낸 것이다.

윙어와 풀백 모두 상대의 중앙 집중 공격을 막기 위해 중앙으로 몰려 있다. 이때 리즈가 공을 빼앗으면 골키퍼에게로 백패스가 이어지고, 그 순간 측면 선수들이 상대 측면 공간을 향해 달려나가는 것을 볼 수 있다.

이는 프로 수준에서든 유소년 수준에서든, 공을 잡았을 때 감독이 "경기장을 넓게 쓰라"고 지시하는 표본과 같은 사례다.

Chapter 3
압박

현대 축구의 수비 조직에서 가장 많은 토론이 이뤄지는 것은 수비할 때 어떤 방식으로 압박을 가하는지다. 최고의 팀들이 어떻게 압박을 하는지 이해하고, 정의하고, 따라할 만한 경향이 있는지를 파악하기 위해 아마추어와 프로 경기에서 많은 분석이 이뤄진다. 하지만 압박에는 명확한 정답이 없는 게 사실이고, 일단은 각 팀의 전체적인 수비 조직에 맞는 방식이어야 한다.

예를 들어 공격적인 전방 압박을 한다고 해도 뒷선에서 이를 받쳐주지 못한다면 결과적으로 의미가 없어진다. 뒷선의 지지가 없다면 쉽게 압박이 무너지거나 상대가 탈압박을 할 수 있기 때문이다. 이와 마찬가지로 공을 빼앗았을 때 공격으로 어떻게 전환할지를 제대로 알지 못한다면 낮은 블록을 형성해서 수비하는 것이 의미가 없다. 그렇게 되면 자기 진영에 갇혀버리기 십상이고, 상대의 블록을 쉽게 넘어설 방법이 없어진다.

감독들 중에는 아주 특징적인 압박 전술로 명성을 얻은 경우가 있다. 리버풀의 위르겐 클로프(Jürgen Klopp) 감독을 예로 들겠다. 클로프는 '게겐프레싱' 또는 '카운터 압박'이라는 콘셉트로 꾸준하게 언급되는 지도자다.

카운터 압박은 클로프가 리버풀을 맡기 전에 독일에서 보루시아 도르트문트를 지휘하며 큰 효과를 냈던 압박 스타일이다.

이 스타일의 핵심 원칙은 상대 골문 최대한 가까이에서 공을 빼앗을 수 있도록 공격적인 압박을 가하는 것이다. 상대 골문 가까이에서 공을 빼앗으면 곧바로 득점 기회가 만들어진다.

카운터 압박을 제대로만 이행한다면 수비할 때 팀 전체의 수비 원칙은 카운터 압박 하나만으로도 충분해진다. 공격진만 압박에 임하는 게 아니라, 미드필드 라인에서도 상대의 패스 옵션을 차단하기 위해 압박에 임한다. 그렇게 점점 뒤로 밀려난 상대는 길고 확률 낮은 패스를 시도할 수밖에 없고, 수비하는 팀은 편안하게 공을 빼앗을 수 있게 된다.

특징적인 압박 전술의 또 다른 사례는 맨체스터 시티의 페프 과르디올라(Pep Guardiola) 감독에게서 찾아볼 수 있다. 스페인에서 바르셀로나를 지휘할 당시 과르디올라는 카운터 압박까지는 아니더라도 전방에서부터 공격적인 압박을 선호했다. 그가 카운터 압박 대신에 사용한 것은 '5초 룰'로 알려진 방법이다. 이 전술의 원리는 간단하다. 공을 잃으면 수비 전환 시에 첫 5초 동안 공격적인 압박을 가하는 것이다. 5초 안에 공을 되찾지 못하면 과르디올라의 팀은 내려서서 촘촘한 수비 블록을 형성하거나, 때로는 반칙으로 상대의 역습을 막는다.

비엘사의 리즈가 흥미로운 것은, 비엘사 역시 강한 압박으로 유명한 감독임에도 불구하고 리즈는 무작정 공격적인 압박을 하는 것이 아니라 미묘하게 다른 방식의 압박을 한다는 점이다. 리즈는 상대를 압박할 때 분명한 전술 콘셉트와 원칙을 갖고 있다.

우리는 앞서 리즈가 수비 1선에 상대 공격수보다 한 명 많은 수비수를 배치하는 '+1' 원칙에 대해 다뤘다.

이제는 압박 시에 상대 수비수보다 한 명 적은 공격수를 배치하는 '-1' 원칙에 대해 다룰 것이다. 이 아이디어는 수비진의 '+1'과 같은 원칙에서 비롯된 것이다. 만약 상대 팀에 두 명의 센터백이 있다면 리즈는 한 명의 선수가 압박을 시작한다. 상대에게 세 명의 센터백이 있다면 리즈는 9번과 공에 가까운 쪽 윙어 한 명이 함께 압박을 시작한다. 이는 상대가 자신들의 수비진에서 편안하게 공을 갖고 있지 못하게 한다는 다소 간단한 원칙 하에 이뤄진다.

압박하는 리즈 선수들은 이번에도 공의 위치를 기준으로 움직인다. 만약 중앙 지역에 있는 상대 선수가 공을 갖고 있다면 리즈 선수는 가장 가까운 패스 길을 자를 수 있는 각도로 움직이며 압박을 가한다. 상대가 측면에서 공을 갖고 있다면 리즈 선수는 상대를 더 측면으로 몰아 사이드라인을 제2의 수비수로 활용할 수 있도록 움직인다.

이렇게 간단한 원칙으로 압박을 하면 상대가 깔끔하게 공을 전진시킬 수 없게 됨과 동시에 공격이 지연되고, 리즈 수비진은 물러서서 대인 방어 시스템을 갖출 수 있게 된다. 리즈가 압박을 시작할 때는 세 명 이상의 선수가 가담하는 경우가 거의 없다. 압박에 가담하지 않는 선수의 임무는 가장 가까이에서 패스를 받을 수 있는 상대를 밀착 방어하는 것이다. 이러한 임무는 선수들 모두가 똑같이 맡게 되고, 한 명의 센터백만이 이 임무로부터 벗어나 자유롭게 움직이며 수비 균형을 유지한다. 이렇게 압박과 대인 방어 시스템이 잘 결합된 수비 조직은 매우 효과적이다. 만약 상대가 탈압박을 돕기 위해 선수들을 리즈의 압박 라인보다 뒤로 물린다면, 그때도 리즈 선수들은 올라가서 가까이 따라붙는다. 상대가 더 많은 선수를 뒤로 물려 공에 가까이 두려고 할수록 리즈는 상대를 수비 지역으로 깊숙히 몰아넣게 되고, 상대는 이러한 압박에서 벗어나기가 훨씬 힘들어진다.

승격을 이뤄낸 시즌에 리즈가 보여줬던 압박 스타일에서 중요한 점은 선수들이 그 전술에 전적으로 헌신했다는 것이다. 이와 같은 압박과 대인 방어 형태를 유지하려다 보면 언제든 상대가 뚫고 들어와 압박을 무너뜨릴 기회가 생긴다. 하지만 상대가 리즈의 첫 압박을 무너뜨리더라도 리즈 선수들은 움직임을 조정하여 공 아래 쪽으로 내려가서 대인 방어를 유지한다.

'-1' 콘셉트는 비엘사가 활용하는 압박 시스템의 한 부분이다. 여느 최고 수준의 감독들이 그렇듯, 비엘사의 경우도 리즈가 더 공격적으로 압박에 나설 타이밍이 여럿 존재한다. 2019/20 시즌에 가장 흔하게 볼 수 있었던 압박 타이밍 두 가지는 공이 측면으로 연결됐을 때와 상대가 중앙 지역에서 자신의 골문을 바라보는 자세로 공을 받았을 때다. 이 원칙들에 대해 좀 더 자세히 알아보겠다.

첫 번째 압박 타이밍인 공이 측면으로 연결됐을 때는 다소 간단하다. 상대 진영 중앙에서부터 공을 잡은 선수를 바깥으로 밀어내는 것이다. 처음 압박을 시작하는 리즈 공격수가 상대 센터백에게 달려들 때는 옆에 있는 동료 센터백에게 패스를 하지 못하도록 패스 길을 차단하는 각도로 움직인다. 이때 다음 라인에 위치한 리즈 선수들은 각각의 상대를 대인 방어하는 위치 선정이 필요하다.

그렇게 되면 상대 센터백은 근처에 있는 풀백에게 패스하는 것이 가장 안전한 선택이 된다. 그 패스가 측면으로 이어지는 순간, 리즈 공격수는 센터백을 지나쳐 압박을 계속하며 패스가 골키퍼에게 가거나 센터백에게 돌아오는 길을 차단한다.

이제 공을 가진 상대 풀백은 리즈의 강력한 압박을 받게 된다. 상대 팀 동료들이 풀백을 지원하기 위해 내려가면 리즈 선수들도 따라가며 공간을 좁힌다. 이러한 방식은 상대를 코너로 몰아넣어 실책을 유도하는 데 효과적이다.

두 번째 압박 타이밍은 상대가 자기 골문을 바라보는 자세로 공을 받았을 때다. 이때도 처음으로 압박에 나서는 리즈 공격수는 상대가 공을 쉽게 돌리지 못하도록 해서 상대 골문 가까이에서 공을 빼앗는 것을 목표로 한다. 상대는 이 압박을 뚫고 수비형 미드필더에게 공을 연결하려고 하는데, 이것이 바로 비엘사의 함정이다. 상대가 자기 골문을 바라보는 자세로 공을 받는 순간, 앞에 있던 리즈 공격수가 돌아와 정면에서 즉시 압박해온다. 이는 센터백에게 다시 백패스를 주기 어렵게 해서 공을 빼앗으려는 것이다. 그리고 공을 가진 상대 근처에 있던 8번이나 윙어가 가세하여 2차 압박이 가해진다.

이러한 압박은 상대 선수들로 하여금 동료를 돕기 위해 뒤로 물러나게 만든다. 그렇게 리즈는 공간을 좁혀가며 상대의 실수를 유도하는 것이다. 지금부터 리즈의 압박 시스템을 이해하는 데 도움이 되는 실제 사례들을 살펴보겠다.

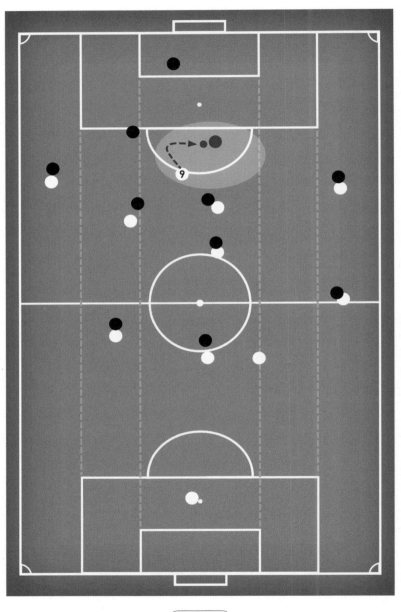

그림 14

그림 14에서는 상대가 두 명으로 빌드업을 시작할 때 9번이 어떤 식으로 달려가는지를 보여준다. 빌드업 단계에서는 풀백을 무시하고 상대 센터백이 몇 명인지만 고려한다. 풀백이 뒤로 물러날 때는 그에 따라 리즈의 움직임과 압박 형태도 변한다.

앞서 설명했듯이 리즈의 압박 구조는 다양하며, 그 구조는 상대가 빌드업 시 수비 1선에 얼마나 많은 선수들을 동원해서 공을 전진시키려고 하는지에 따라 달라진다.

이 예시는 두 명의 센터백이 공을 전진시키려고 하는 상황이다. 이때는 뱀포드와 같은 9번이 혼자서 압박을 가하는데, 압박할 때 센터백끼리 패스를 할 수 없도록 패스 길을 차단하는 각도로 움직인다. 이는 상대에게서 안전한 패스 옵션을 빼앗기 위한 것이다. 리즈는 이러한 압박에 이어 다음 라인에서도 대인 방어 체계로 압박을 가한다. 공을 잡은 상대가 리즈의 수비 조직보다 유리한 위치로 패스를 보낼 수 없도록 하는 것이다.

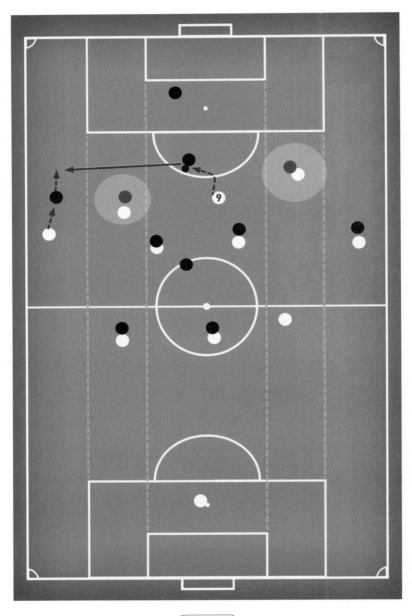

그림 15

그림 15에서는 상대가 3백으로 수비 1선에서 빌드업을 하려고 한다. 이 경우에 리즈는 윙어들도 압박에 가담한다.

여기서도 비엘사가 원하는 압박 구조의 핵심은 공을 가진 상대를 압박하는 선수와 그 뒷선에서 상대를 밀착 방어하는 선수가 균형을 유지하는 것이다.

어느 쪽 윙어가 압박에 가담할지는 공의 위치와 패스가 향할 가능성이 높은 곳에 따라 달라진다. 이 예시에서는 상대 3백 중 공을 가진 선수가 중앙에 있다. 이 경우에도 뱀포드가 9번으로서 먼저 압박을 가하며 가장 쉬운 패스 옵션을 차단하는 각도로 움직인다. 그 각도에 따라 어느 쪽 윙어가 압박에 가담할지가 결정된다. 예시에서 뱀포드가 압박을 가할 때 왼쪽 윙어가 압박에 가담하는 것은 그쪽 방향이 더 확실한 패스 옵션이기 때문이다. 이 때 반대쪽 윙어는 자신이 맡은 상대를 대인 방어하며 공간을 좁히기만 하면 된다.

패스를 받은 상대는 또다시 뱀포드의 강한 압박에 막혀 동료 센터백이나 골키퍼에게 패스할 길이 잘리게 된다.

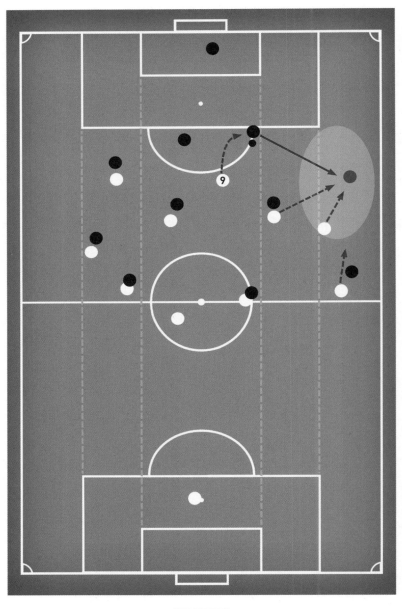

그림 16

이번에는 비엘사가 선호하는 압박 타이밍 중 첫 번째를 더 자세히 살펴보겠다. 그림 16에서는 상대가 후방에서부터 빌드업을 시작하려 하고, 리즈 선수 중 하나가 자기 포지션에서 이탈한 모습을 볼 수 있다. 이 때문에 상대는 다소 자유롭게 패스를 받을 수 있는 상황이다.

이번에도 9번이(이번에는 에디 은케티아(Eddie Nketiah)다) 공을 가진 상대에게 다가가 동료 센터백에게 패스할 길을 차단한다. 이때 상대가 레프트백에게 패스하면 쉽게 탈압박이 가능해 보이지만, 공이 측면으로 향하는 바로 그 순간 리즈의 강한 압박이 들어가게 된다.

패스를 받은 선수가 사이드라인 근처에 있다는 건 수비를 하는 리즈 입장에서는 도움이 되는 요소다. 공을 패스하거나 움직일 수 있는 방향이 제한되기 때문이다.

레프트백이 공을 받자마자 그쪽 측면에 있던 리즈 선수들은 자신이 막고 있던 상대를 뒤로하고 공이 있는 곳으로 움직인다. 이때 중요한 것은 자신이 막던 상대를 가리면서 패스 각도를 차단하는 것이다. 그렇게 하면 공을 가진 상대는 쉽사리 탈압박을 할 수 없게 된다.

두 명의 선수가 공 가까이 다가가서 압박을 하면, 다음 단계는 수직 패스 길을 자르는 것이다. 이러한 압박 때문에 상대는 공을 제대로 컨트롤하지 못한 채 패스를 하게 되고, 리즈는 쉽게 공을 되찾을 수 있게 된다.

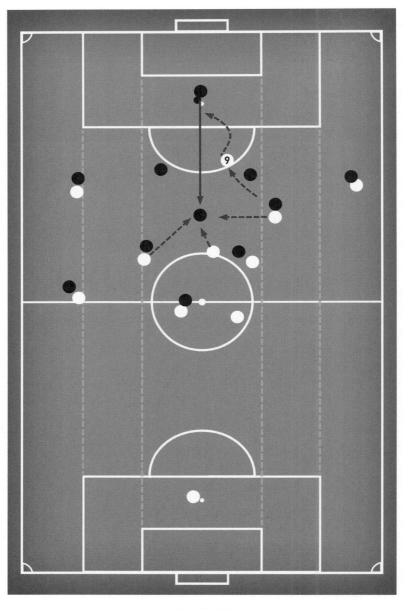

그림 17

2019/20 시즌 내내 리즈가 사용한 압박 타이밍 중 두 번째는 중앙 지역에서 패스를 받는 상대 선수가 자기 골문을 바라보는 자세를 취했을 때다. 등을 진 상대가 공을 잡은 뒤 돌아서서 리즈의 압박에 맞서야 한다면 불리한 위치에 놓이기 때문이다.

그림 17은 상대 골키퍼가 공을 가진 상황인데, 쉽게 공을 전진시킬 수 없도록 하기 위해 뱀포드가 압박을 가하는 모습을 볼 수 있다. 이번에도 골키퍼의 패스 옵션 중 하나를 자르는 각도로 접근한다. 그러면 골키퍼는 수비형 미드필더를 향해 수직 패스를 하게 되고, 수비형 미드필더는 자기 골문을 바라보는 채로 패스를 받게 된다. 이 패스가 이뤄지자마자 리즈의 강한 압박이 시작된다.

앞선 예시와 마찬가지로, 이번에도 공에 가까운 세 명의 리즈 선수들이 공을 향해 움직여 압박을 가한다. 여기서 중요한 점은 9번 또한 다시 돌아와서 상대 수비형 미드필더가 센터백들에게 백패스하기 어렵게 만드는 것이다. 리즈가 이 지역에서 공을 빼앗게 되면 아주 빠르게 수적 우위를 점하며 상대 골문으로 향할 수 있게 된다.

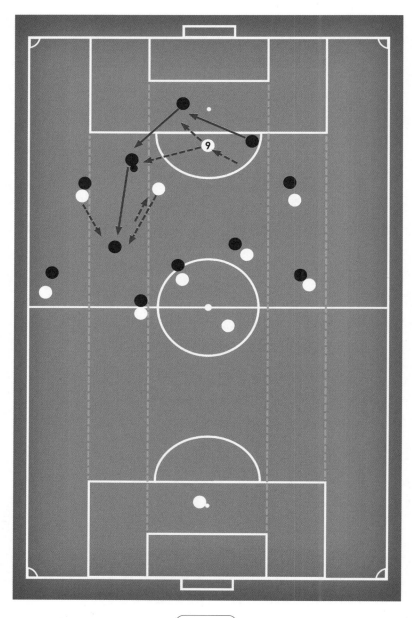

그림 18

압박

축구에서는 공격이든 수비든 완벽한 시스템 같은 건 존재하지 않는다. 따라서 압박 조직도 때로는 뚫리게 마련인데, 이때 나머지 수비 조직이 균형을 잃지 않고 포지션을 회복하는 것이 중요하다. 그림 18은 리즈가 포지션을 회복하는 방법을 잘 보여주는 예시다.

뱀포드가 9번 위치에서 공을 가진 상대 골키퍼를 압박하기 위해 움직이고 있다. 골키퍼가 센터백에게 패스를 연결하면, 뱀포드는 방향을 바꿔 패스를 받은 상대에게로 달려간다.

이때 왼쪽 8번 역할을 맡고 있는 클리흐가 뱀포드의 압박을 보조하려고 움직이다가 자신의 포지션에서 이탈했다. 이 때문에 자유롭게 놓인 상대에게로 수직 패스가 이어질 수 있게 되고, 리즈의 대인 방어 구조가 무너질 위험에 놓였다. 이때 수비 조직을 회복하기 위해 왼쪽 윙어가 자신이 방어할 상대를 내버려두고 뒤로 달려와 공을 잡은 선수를 상대한다. 또한 클리흐도 위치를 조정해 공을 가진 상대를 압박한다.

이것이 상대가 후방에서부터 압박을 뚫었을 때 리즈가 포지션을 회복하는 방법이다. 이렇게 움직여야 공을 가진 선수와 패스를 받을 선수들 사이에서의 수비 균형이 회복된다. 압박이 뚫렸을 때는 공을 되찾기 위한 압박이 굉장히 거세지는 것도 주목해야 한다. 리즈는 공을 가진 상대로부터 즉시 위협을 제거하려 한다.

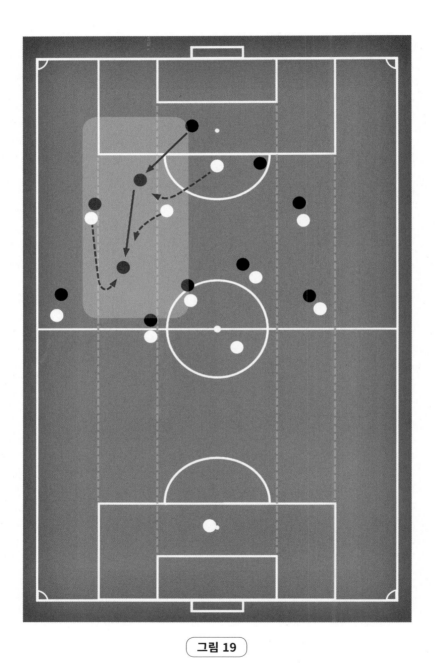

그림 19

그림 19에서도 같은 위치에서 첫 번째 압박이 뚫린 것을 볼 수 있다. 이런 경우는 클리흐가 끈기 있게 자신의 상대를 방어하는 대신 지나치게 공격적으로 올라갈 때 주로 발생한다.

또다시 클리흐가 높은 지점에서 뱀포드의 압박을 보조하려다가 자신의 포지션에서 이탈했고, 똑같은 수비 위치로 패스가 이어졌다. 리즈 선수들의 반응 또한 똑같다. 우선은 왼쪽 윙어가 이동해서 수비 포지션을 회복하려 한다.

모든 선수가 각자의 역할을 잘 이해하고, 유동적으로 움직일 수 있도록 잘 훈련이 되어야만 이처럼 동료가 밀렸을 때 포지션을 회복할 수가 있다.

Chapter 4
수직성

비엘사 감독이 지휘한 2019/20 시즌 리즈의 공격 모델을 한마디로 묘사한 다면 그것은 '수직성'이다. 이는 안전한 백패스나 단순히 점유율을 유지하기 위한 측면 패스 대신에 상대 라인을 무너뜨리는 수직 방향의 패스를 시도하는 경향이 강하다는 의미다.

안전한 패스를 선택하는 경향은 '티키-타카'로 불리는 축구가 유행하던 시기에 가장 흔하게 보였다. 티키-타카는 스페인 기자가 과르디올라 감독의 축구 스타일을 설명하기 위해 만든 말이지만, 정작 과르디올라의 축구가 왜 그렇게 효과적이었는지를 근본적으로 잘못 이해하고 붙인 명칭이기도 하다.

티키-타카는 공을 오랜 시간 갖고 있으면서도 그다지 효과적이지는 못한 점유율 중심의 축구와 동의어처럼 사용됐다. 하지만 이 명칭을 얻은 바르셀로나의 가장 큰 강점 중 하나는 점유율이 대단히 높을 뿐만 아니라, 공을 상대 진영에 집중시키고 수직 패스로 수비 라인을 무너뜨려 득점 기회를 만드는 것이었다.

유럽의 주요 리그에서 스페인 기자가 말한 티키-타카를 가장 잘 보여준 팀은 브렌던 로저스(Brendan Rodgers) 감독이 지휘하던 스완지 시티일 듯하다. 당시 '스완지식' 축구로 많은 찬사를 받았는데, 사실은 공을 소유하고 있던 대부분의 시간을 자기 진영에서 보냈지 상대 수비 조직을 무너뜨리기 위한 패스는 거의 없었다. 이러한 형태의 축구는 상대를 꺾기 위한 지역으로 공을 움직이는 게 아니라, 오직 점유율만을 위해 안전하게 공을 소유하기 때문에 재미없는 경기로 이어진다.

수직성은 상대 조직을 무너뜨리고 수비 1선을 직접적으로 위협하는 플레이 스타일이다. 이는 비엘사의 공격 모델을 잘 요약해준다. 수직성은 파이널 서드에 진입하는 것이 첫 번째 목표이며, 절호의 슈팅 기회를 만드는 것이 두 번째 목표이다. 역습이든 지공이든 공을 잡은 선수의 첫 번째 목표는 자신보다 위쪽에 있는 동료에게 수직 패스를 보내는 것이다. 정말 간단하지 않은가?

리즈처럼 선수들을 잘 지도한 팀에서의 패스는 NFL 쿼터백이 던지는 패스와 실제적으로 유사한 모습을 보인다. 공을 가진 선수가 목표의 우선순위에 따라 단계에 맞게 공을 전진시키기 때문이다. 모든 리즈 선수의 최우선 목표는 상대 수비진과 골키퍼 사이의 중앙 지역으로 수직 패스를 넣어 상대 수비 블록을 무너뜨리는 것이다. 두 번째 목표는 그와 비슷한 패스를 노리되, 상대 골키퍼와 수비진 사이의 측면 공간으로 공을 보내는 것이다. 세 번째 목표는 수비진 앞의 중앙 공간으로 패스를 보내는 것이고, 네 번째 목표는 수비진 앞의 측면 공간으로 패스를 보내는 것, 다섯 번째와 여섯 번째 목표는 각각 상대의 전방 압박과 미드필드 라인 사이의 중앙, 측면 공간으로 패스를 보내는 것이다.

직접적인 득점 기회를 만들 수 있는 패스가 언제나 최우선 목표지만, 이는 경기장 안의 수많은 요소가 모두 맞아 떨어져야만 가능한 일이다. 리즈 선수가 후방에서 공을 잡고 있다고 예를 들어보자. 우선은 동료들의 위치를 파악해야 한다. 상대 수비진 뒤쪽으로 패스를 보내면 스트라이커가 이를 활용할 수 있는가? 아니면 상대 수비진 앞 중앙 공간에서 패스를 받아 활용할 동료가 있는가? 그 다음으로는 상대 수비의 위치를 파악해야 한다. 압박을 가하고 있는가? 그렇다면 최전방으로 패스를 할 수 있는가? 그곳에서 이중으로 수비 커버가 이뤄지고 있진 않은가? 커버가 이뤄지고 있다면 그 패스는 안전하지 않게 된다. 리즈 선수는 공을 잡자마자 이 모든 정보를 소화하고 이해해야만 올바른 판단을 내릴 수 있다.

최전방이나 상대 수비 뒤쪽까지 향하는 패스는 가장 좋지만 늘 안전한 선택은 아니다. 따라서 공을 가진 선수는 어떻게 공을 전진시킬지만 생각하는 게 아니라, 어떻게 하면 안전하게 전진시킬 수 있는지도 생각해야 한다. 한마디로 리즈가 공을 가지고 파이널 서드까지 전진하는 과정이 최대한 깔끔해야 한다는 이야기다. 이 컨트롤 감각이야말로 비엘사의 팀이 공간을 만들고 좋은 슈팅 기회를 만드는 과정의 핵심이라고 할 수 있다.

이를 위해서 리즈는 공을 수직 방향으로 빠르고 안전하게 움직여야 하는데, 이는 경기장 안의 여러 요소들을 이해해야 가능한 일이다.

공을 잡은 리즈 선수의 우선순위가 무엇인지는 파악했으니, 이제는 어떻게 공간으로 접근하고 패스를 연결할지를 알아보자. 수직성에는 두 가지 핵심 콘셉트가 있다. 이에 따라 리즈는 공의 컨트롤을 유지하면서 공격을 해 나갈 수 있게 된다.

첫 번째 콘셉트는 유명한 '전진-후진-침투'다. 두 번의 빠른 수직 패스 사이에 뒤로 내주는 패스가 연계된 것이다. 예를 들어 6번이 최전방의 9번에게 패스를 연결하면, 9번은 이를 즉시 두 명의 8번 중 한 명에게 뒤로 내준다. 이를 받은 8번이 다시 한 번 수직 패스를 넣어 상대 수비진을 무너뜨리고, 측면에서 안쪽 대각선 방향으로 치고 들어가는 윙어가 이를 받는다.

두 번째 콘셉트는 첫 번째와 비슷하지만 다른 공간을 활용하는 '바깥쪽-안쪽-바깥쪽'이다. 원리는 '전진-후진-침투'와 유사한데, 가장 큰 차이점은 마지막 패스가 측면 공간에 도달한다는 것이다. 예를 들어 첫 번째 패스가 중앙에서 하프 스페이스에 있는 선수에게로 전달되면, 공이 즉시 뒤로 돌아온 뒤에 측면 공간에 있는 풀백이나 윙어에게로 연결되는 것이다. 측면에서 수적 우위를 점해 상대 수비를 무너뜨리고 득점 기회를 만들고자 하는 비엘사에게는 이러한 움직임이 특히 중요하다.

2019/20 시즌의 리즈가 공격 시에 활용했던 수직적인 움직임을 이해하기 위해서는 필립스가 공을 잡았을 때 어떠한 역할을 수행했는지 구체적으로 살펴봐야 한다.

4-1-4-1 대형에서 6번을 맡은 필립스는 공을 파이널 서드로 보내는 데 막중한 책임을 맡고 있다. 다른 중앙 미드필더, 즉 두 명의 8번은 리즈가 공격으로 전환하자마자 전진해 상대 수비진 앞에서 패스를 받으려고 하기 때문이다. 필립스는 넓은 패스 범위를 가진 선수로, 이는 비엘사가 6번 포지션에서 중요하게 생각하는 요소다. 후방과 중원에서 경기장 어느 곳으로든 패스를 보낼 능력이 있다면 리즈는 빠르게 방향을 전환할 수 있고, 윙어는 상대 풀백과 일대일로 맞설 수 있게 된다.

비엘사의 리즈 선수들에게는 수직 패스가 늘 첫 번째 선택이다. 그렇지만 공격의 각도를 바꾸기 위해서는 측면 패스도 이뤄질 필요가 있다는 걸 이해해야 한다. 이는 리즈가 후방에서부터 공격을 시작할 때 특히 그런데, 공을 잡은 선수가 수직 패스를 보낼 길이 없다면 그렇게 할 수 있는 동료를 찾아 빠르게 방향을 바꿔야 하기 때문이다. 이러한 패스는 센터백들 사이에서, 혹은 6번이 수비진과 같은 선상으로 내려가 3백과 같은 형태를 취했을 때 자주 볼 수 있다. 지금부터는 이러한 콘셉트와 이론들의 실제 사례를 살펴보겠다.

Marcelo
BIELSA

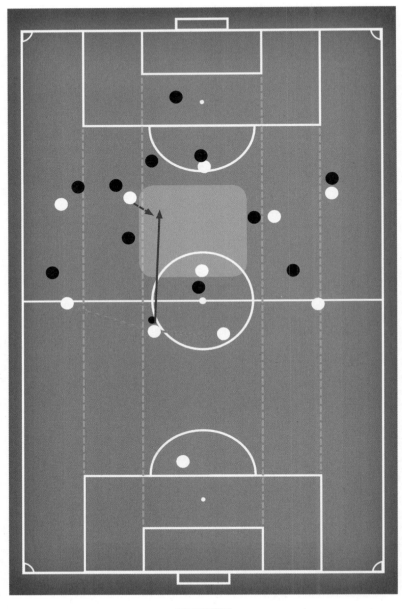

그림 20

공을 잡은 리즈 선수의 최우선 목표는 파이널 서드로 깨끗하게 공을 보낼 수 있는 수직 패스 옵션을 찾는 것이다. 일반적으로 더 안전하지만 공의 진행 속도를 늦추는 옵션은 무시하게 된다. 실제 사례를 살펴보자.

그림 20은 리암 쿠퍼(Liam David Ian Cooper)가 수비 1선에서 공을 가진 모습이다. 상대는 4-5-1 대형으로 수비하고 있고, 당장 공을 향해 압박해 오는 선수는 없다. 안전한 옵션은 바깥쪽에 있는 레프트백 스튜어트 댈러스(Stuart Alan Dallas)에게 패스하거나, 다른 센터백인 화이트에게 측면 패스를 주는 것이다.

하지만 쿠퍼는 이렇게 안전한 옵션을 택하는 대신 상대 진영을 향해 수직 패스를 시도한다. 공격적으로 올라가 있던 클리흐를 향한 패스다. 쿠퍼가 공을 잡자 클리흐는 수직 패스를 깨끗하게 받을 수 있도록 후방으로 내려온다. 여기서 중요한 것은 한 번의 수직 패스가 다섯 명의 상대 선수를 뚫고 클리흐에게 연결되어 상대 수비진보다 수적 우위를 점하게 된다는 것이다.

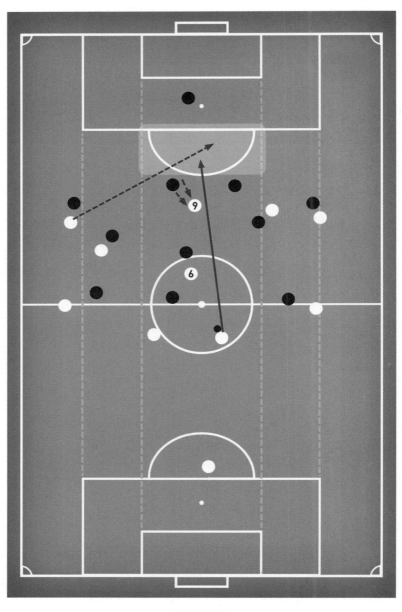

그림 21

앞에서 다룬 것처럼, 리즈 선수는 공을 잡았을 때 수직 패스를 최우선 목표로 삼지만, 상대 수비진을 무너뜨리고 뒤쪽 공간으로 향할 수만 있다면 어느 방향으로든 패스가 갈 수 있다.

이러한 스타일의 패스를 그림 21에서 볼 수 있다. 예시는 수비 1선의 화이트가 공을 잡고 있는 상황이고, 그가 공을 전진시킬 수 있는 쉬운 패스 옵션들은 여럿 존재한다. 6번 필립스나 오른쪽 측면에도 패스 각도가 열려 있지만, 두 패스 모두 상대에게 많은 문제를 안기지는 못한다.

이때 9번 뱀포드가 밑으로 내려와서 수직 패스 옵션을 더해주는 모습을 볼 수 있는데, 이것이 바로 비엘사가 은케티아보다 뱀포드를 훨씬 선호하는 이유다. 뱀포드는 미드필더들과의 연계 플레이 능력이 뛰어나서 공을 전진시키는데 도움을 준다. 반면에 은케티아는 페널티 지역 안에서 마무리를 짓는 공격수에 가깝다.

이 예시에서 뱀포드는 밑으로 내려오면서 상대 수비수를 끌고 나온다. 이로 인해 생긴 중앙 공간을 해리슨이 왼쪽 측면에서 대각선 방향으로 움직이며 공략한다. 화이트는 그 공간으로 패스를 넣어 침투하는 해리슨에게 공을 연결한다. 이때 한 번에 상대 필드 플레이어 10명 모두를 뚫는 이 패스를 주목해야 한다.

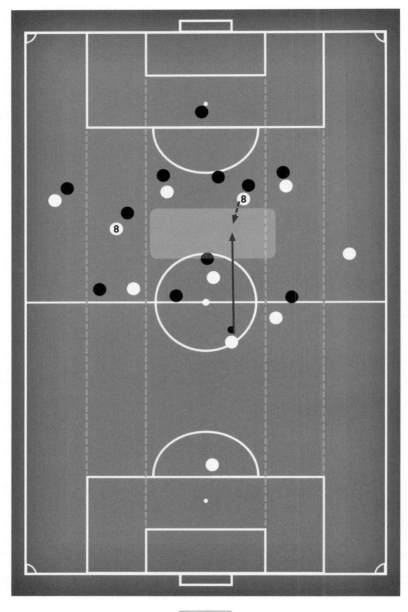

그림 22

리즈가 빠르게 공략하려는 또 하나의 핵심 공간은 상대 수비와 미드필드 라인 사이 공간이다.

그림 22에서 이러한 움직임을 볼 수 있다. 이번에도 공은 리즈 수비 1선에 있고, 센터백들이 공을 전진시키려고 한다. 선수들은 항상 수직 패스를 노리지만, 정말 중요한 것은 그 패스가 깨끗하게 핵심 지역으로 이어져 동료가 공을 잡고 공격 빌드업을 할 수 있어야 한다는 점이다.

8번이 공격진으로 올라가 있는 상황이라 상대 수비와 미드필드 사이의 공간이 비어 있는데, 이 공간을 공략하기 위해 다른 포지션의 선수들이 로테이션 움직임으로 빠져 들어오는 것을 볼 수 있다.

여기서는 두 명의 8번 중 하나인 에르난데스가 자신을 방어하는 상대로부터 떨어져 수직 패스를 받으러 내려온다. 이 패스가 연결되는 즉시 네 명의 상대가 뚫리는 셈이다.

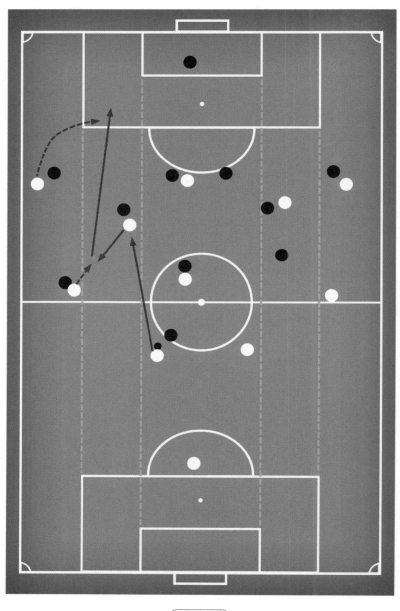

그림 23

수직 패스 스타일의 핵심 콘셉트 중 하나는 전진-후진-침투라고 설명한 바 있다. 이 패스들은 아주 빠르게 이뤄져야 한다. 이것이 성공적으로 연결되면 효과적으로 수비하기가 무척 어렵다.

이러한 패스의 사례를 그림 23에서 볼 수 있다. 쿠퍼가 공을 잡은 상황에서 상대 공격수의 압박을 받고 있다. 쿠퍼는 탈압박을 위해 전방의 클리흐에게 수직 패스를 하는데, 이때 패스의 템포가 살아난다. 공을 이어받은 클리흐는 원터치 패스로 공을 자신의 뒤쪽으로 내준다. 그곳에는 레프트백 위치에서 안쪽 대각선 방향으로 움직이는 댈러스가 있다. 댈러스가 또다시 원터치로 상대 센터백과 풀백 사이 공간으로 수직 패스를 넣는데, 해리슨이 그 공간을 대각선 방향으로 달려들어가 공략하게 된다.

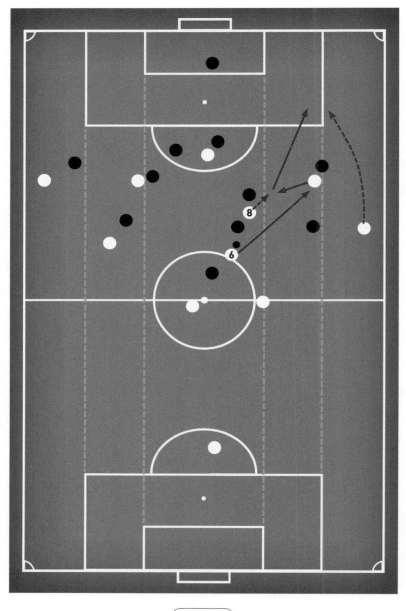

그림 24

비엘사 감독이 승격을 이뤄낸 2019/20 시즌에 꾸준하게 사용한 전진-후진-침투 패스에는 두 번째 변형이 있다. 이 변형은 바로 바깥쪽-안쪽-바깥쪽이다. 전진-후진-침투와 유사하지만, 이번에는 공이 수직 방향으로만 움직이는 게 아니라 공략할 수 있는 공간에 따라 대각선으로, 심지어는 수평 방향으로도 움직인다는 점이 다르다.

그림 24에서 이에 관한 예시를 볼 수 있다.

6번인 필립스가 공을 갖고 있지만, 수직 방향으로 깨끗하게 패스를 보낼 옵션이 보이지 않아 하프 스페이스에 있는 오른쪽 윙어 엘데르 코스타(Hélder Costa)에게 바깥 방향으로 패스를 한다. 코스타는 안쪽으로 움직이며 패스를 받자마자 바로 가까운 쪽의 8번인 에르난데스에게 내준다. 공을 받은 에르난데스는 원터치 패스를 오른쪽 대각선 방향으로 보내고, 이를 공격 진영으로 침투하던 라이트백 루크 아일링(Luke David Ayling)이 받는다.

이와 같은 패스는 빠르게 해서 상대가 제대로 대응할 수 없도록 하는 게 핵심이다. 아일링이 상대 수비진 뒤쪽 측면 공간으로 이어진 마지막 패스를 받으면 즉시 페널티 지역으로 접근할 수 있어 득점 기회가 만들어진다.

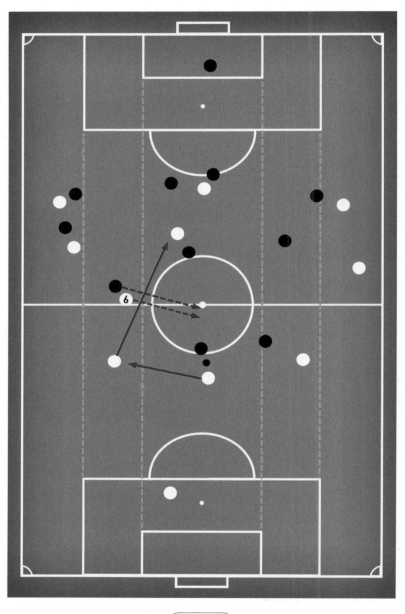

그림 25

축구는 움직임이 많은 경기이기 때문에 리즈가 공을 잡고 곧바로 수직 패스를 하지 못할 때도 물론 있다. 유연한 전술 시스템으로 우선순위에 따라 패스를 전개하는 팀과, 확실히 짜여진 구조에 따라 선수들에게 스스로 생각할 여지를 거의 주지 않는 팀의 차이는 이런 경우에 잘 드러난다.

비엘사가 창조해낸 시스템은 전자에 훨씬 가깝다. 선수들이 직접 상황에 따라 최선의 옵션을 선택해서 움직이도록 지도하기 때문이다.

이번에는 3-3-1-3 포메이션의 리즈를 보자. 수비 1선 중앙에서 리즈 선수가 공을 잡고 있고, 압박하는 상대가 없는 선수에게 측면 패스를 연결한다. 이 패스를 받은 선수는 전개를 시작하면서 먼저 수직 패스 옵션이 있는지를 살피게 된다.

패스 옵션이 보이지 않자 6번 자리에 있던 필립스가 상황을 파악하고 움직여 상대 수비를 원래 위치에서 끌어낸다. 이 움직임 덕분에 중앙 지역의 공격형 미드필더에게 수직 패스를 연결할 수 있는 길이 생기고, 공격형 미드필더는 패스를 받고 돌아서 상대 수비진을 공략할 수 있게 된다.

Chapter 5
로테이션(순환 움직임)

이전 장에서 2019/20 시즌 당시 공을 잡은 리즈 선수의 최우선 목표는 수직 방향으로 공을 움직이게 하는 것이라고 설명한 바 있다. 좋은 위치에서 슈팅할 수 있는 상황이 아니라면 동료에게 기회를 만들어줘야 한다. 이것이 비엘사가 생각하는 공격 시 이상적인 플레이다. 축구는 상대보다 골을 더 많이 넣어야만 승리할 수 있고, 그러려면 슈팅 기회를 많이 만들어야 하기 때문이다.

그러나 문제는 늘 깨끗하게 공을 전진키시고 완벽한 구조로 공격할 수는 없다는 점이다. 결국, 공격 모델이 얼마나 효과적인지를 결정하는 중요한 요소 중 하나는 상대 팀이 어떤 수비 전략을 준비했는가이고, 이는 비엘사처럼 철저하게 준비된 감독도 어찌할 수가 없는 것이다.

상대 감독이 들고 나올 수 있는 수비 조직은 너무나도 다양하다. 리즈처럼 적극적으로 전방 압박을 하며 공을 가진 상대에게 가까이 붙을 수도 있고, 아니면 압박을 유지하면서도 뒷선에서는 지역 방어 조직을 유지할 수도 있다. 또한 그보다 더 조심스럽게 내려서서 상대가 파이널 서드로 공을 보내지 못하도록 수비 블록을 형성할 수도 있다. 이렇게 뒤로 물러선 수비 조직은 공을 가진 상대가 특정 지역으로 들어와야만 압박을 발동한다.

2019/20 챔피언십에는 게르하르트 슈트루버(Gerhard Struber) 감독이 이끄는 반슬리와 같이 리즈에 맞서 적극적인 압박에 나서는 팀도 있었지만, 대부분은 중원보다 밑으로 내려서서 리즈의 강력한 공격 속도를 늦추려고 했다.

만약 상대의 수비 위치에 때문에 수직 패스 옵션을 찾을 수가 없다면 리즈는 어떤 방법으로 공을 깔끔하게 전진시키고 득점 기회를 만들었을까? 4장에서 설명했듯이 리즈는 수직 패스 길을 찾기 위해 측면으로 패스를 돌릴 수도 있다. 하지만 비엘사는 그보다 더 공격적인 옵션을 활용해 수직 패스를 넣어 득점 기회를 만들고자 했는데, 그 옵션은 공보다 앞쪽에서 로테이션 움직임을 취하는 것이다.

공격에서의 로테이션(순환 움직임)은 새로운 콘셉트는 아니다. 과르디올라에서부터 아르헨티나의 리카르도 라 볼페(Ricardo La Volpe)까지 다양한 감독들이 널리 활용한 전술이다. 이 전술은 매우 구체적인 목적을 달성하기 위해 사용된다. 예를 들어 과르디올라는 중앙 지역을 지배하기 위해 로테이션을 활용했고, 라 볼페는 수비 1선에서 깨끗하게 빌드업을 하기 위해 로테이션을 활용했다. 하지만 비엘사는 경기장의 모든 지역에서 로테이션을 활용해 상대 수비 조직을 혼란에 빠뜨려 무너뜨리려고 한다.

로테이션의 아이디어는 다소 간단하다. 상대 수비수를 원래 위치에서 끌어내 전방에 공간을 만드는 것이다. 공을 전진시키기 위한 움직임이긴 하지만, 이를 전방에서 활용할 때는 득점 기회를 만들기 위해 공간을 여는 수단이 된다.

이 목적을 달성하려면 전방의 핵심 지역에서 유리한 위치를 점해야 한다. 리즈는 공을 전진시킬 때나 득점 기회를 만들 때 로테이션을 활용하기 때문에 위치 선점이 더욱 중요하다. 빠르게 위치를 바꿔가며 움직여 상대를 원래 위치에서 끌어내고, 그렇게 패스 길을 찾아서 전방으로 공을 안전하게 연결하는 것이다.

비엘사가 선수들에게 지시하는 움직임과 로테이션 위치를 이해하려면, 먼저 비엘사가 다른 감독들과 어떻게 다른 방식의 공격을 구사하는지를 파악해야 한다. 축구는 체스와 마찬가지로 중앙 지역을 지배하는 것이 중요하다고들 한다. 유리한 위치를 선점해 우위를 점할 수도 있고, 상대 수비진 앞뒤의 중앙 지역에 많은 선수를 배치해 수적으로 우위를 점할 수도 있다. 예를 들어 4-3-3이 4-4-2를 상대할 경우 중앙 지역에서 3-2로 수적 우위를 점하는 모습을 볼 수 있다.

감독들은 이 지역에서의 우위가 효과적인 공격 전개로 이어진다고 믿곤 하지만, 비엘사의 시각은 다르다. 우리는 이전 예시에서 리즈가 공을 전개할 때 중앙 지역을 완전히 비워두는 모습을 볼 수 있었다. 4-1-4-1에서의 6번은 더 뒤쪽으로 내려와 공을 받고, 두 명의 8번은 전방으로 올라가 최전방 공격수를 보조한다. 경기장을 넓게 쓰면서 상대의 미드필드 라인은 중앙 지역에 홀로 남겨지는 상황이 되는 것이다.

그렇다고 비엘사가 중앙 지역을 통한 파이널 서드로의 전개를 중요하지 않게 생각하는 건 아니다. 단지 리즈는 움직이며 패스를 받을 로테이션의 공간으로만 중앙 지역을 활용하고, 그곳에 고정되어 서 있지 않을 뿐이다.

이 구체적인 움직임과 로테이션은 수직 방향으로 이뤄져 수직 패스의 기회를 만들기 위한 것이다. 수직 패스는 공을 잡은 리즈 선수들의 최우선 목표라는 걸 우리는 이미 알고 있다.

리즈가 에르난데스와 클리흐를 두 명의 8번으로 기용해 높은 위치에서부터 중원까지 로테이션을 가동하는 모습은 매우 효과적이다. 에르난데스와 클리흐는 모두 뛰어난 감각으로 언제 중앙으로 움직여야 상대 수비를 완벽하게 따돌리고 패스를 받을 수 있는지를 알고 있다. 핵심은 이 선수들이 패스를 받으러 아래로 내려오더라도 결국에는 상대 미드필더보다 위쪽에서 패스를 받게 된다는 것이다. 공을 향해 내려가는 움직임을 신경 쓰다 보면 상대가 그 공간을 막기가 매우 까다롭다. 그렇다고 상대 미드필더들이 뒤로 물러나 있으면 리즈 선수는 직접 공을 끌고 올라간다. 반대로 상대 수비가 이를 막으러 나오면 그때 생기는 공간을 9번이나 윙어들이 공략하게 된다.

이러한 공간이 생기면 리즈는 최우선 목표를 이룰 수 있다. 상대 수비진 뒤쪽의 중앙이나 측면 공간으로 수직 패스를 넣을 수 있는 것이다. 챔피언십의 여러 상대 팀들이 리즈의 이러한 공격을 막아낼 방법을 찾지 못했다.

공격 시에 공간을 만들기 위해 사용되는 로테이션은 두 가지 형태가 있다. 앞에서 설명한 것처럼 위쪽에서 공을 받으러 내려오는 움직임은 수직 로테이션이다. 이는 단순하게 한 명의 선수만 공을 전진시키러 올라가거나 공을 받으러 내려올 수도 있지만, 두 선수 중 하나가 내려와서 공간을 만들면 그와 동시에 다른 선수가 올라가서 그 공간을 차지하는 방식도 있다. 다시 말하지만 로테이션은 상대 수비를 원래 위치에서 끌어내기 위한 움직임이다.

두 번째 유형은 바로 수평 로테이션이다. 이는 한 선수가 원래 위치에서 왼쪽이나 오른쪽으로 움직여 상대 수비를 따돌리거나, 끌어내 공간을 만드는 것이다. 이렇게 하면 원래 막혀 있던 수직 패스 옵션이 생기게 된다.

비엘사의 리즈가 특히 인상적인 점은 두 가지 형태의 로테이션을 모두 꾸준하게 사용하며 챔피언십 우승을 차지하고 프리미어리그 승격을 이뤄냈다는 것이다. 선수들이 끊임없이 자기 위치에서 벗어났다가 돌아오고, 미드필더들은 측면으로 벌리거나 한쪽으로 쏠려서 상대 수비가 공간을 내줄 수밖에 없도록 했다. 실제로 리즈에서 두 명의 8번이 같은 공간으로 움직이는 건 드문 장면이 아니었다. 한쪽 지역에서 다른 쪽으로 동시에 움직이거나, 한 명이 공을 받으러 내려가는 동안 다른 한 명은 반대쪽 측면이나 하프 스페이스로 움직였다. 이러한 로테이션 움직임으로 리즈는 상대 수비 블록을 뚫는 수직 패스를 넣고 공격의 기반을 만들어 페널티 지역을 공략할 수 있었다.

로테이션 움직임은 리즈가 측면 공간에서 상대 수비 조직을 혼란시키며 공격 빌드업을 할 때도 많이 볼 수 있다. 리즈가 측면 공간에서 공을 깔끔하게 전진시킬 때는 두 명의 8번과 측면 선수들이 교차로 움직이는 것이 특히 중요하다. 이때 보통 느슨한 다이아몬드 형태를 띠게 되는데, 맨 아래쪽에 위치한 선수는 센터백일 수도, 풀백일 수도, 심지어 6번일 수도 있다. 윙어는 이 다이아몬드 형태의 맨 위 꼭짓점이 될 수도 있고, 후방에서 풀백이 공을 잡고 있을 때는 측면에 머무를 수도 있다.

위 꼭짓점에 있는 선수는 주로 아래로 내려와 패스를 받을 수 있는 옵션이 되어 준다. 이때 다이아몬드 형태 안쪽에 위치한 8번이 위로 올라가 새로운 꼭짓점이 된다. 이러한 움직임으로 리즈는 두 가지 공격 기회를 만들 수 있는데, 밑으로 내려오는 선수를 향해 패스를 줄 수도 있고 뒤쪽 공간으로 쇄도하는 8번을 향해 패스를 줄 수도 있다.

이러한 전술적 움직임을 염두에 두고 실제 사례를 살펴보도록 하자.

Marcelo
BIELSA

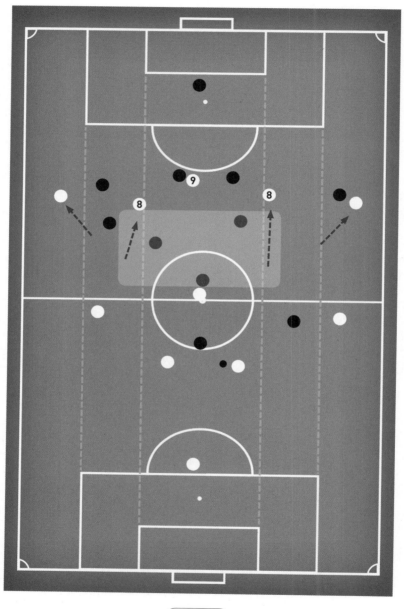

그림 26

로테이션(순환 움직임)

우선은 로테이션 시스템에서 8번 선수들이 공격 지역으로 움직이는 방식을 자세히 살펴보겠다. 이는 중앙에 공간을 만들어 공격 지역으로 패스를 보낼 기회를 만들기 위한 움직임이다.

그림 26에서 그 사례를 볼 수 있다.

공은 수비 1선의 화이트가 잡고 있고, 상대가 적극적으로 압박을 해오지 않는 상황이다. 그 즉시 두 명의 8번이 9번을 향해 수직으로 움직여 중앙 공간을 비운다. 이와 동시에 두 명의 윙어는 대각선 바깥 방향으로 빠르게 움직여 측면 공간을 차지한다. 이 움직임들로 인해 리즈는 수비와 공격으로 각각 다섯 명씩 나눠진 두 개의 블록을 형성하게 된다.

이때 상황에 따라 풀백들이 안쪽으로 움직이며 비어 있는 중앙 공간을 차지하는 것이 핵심이다. 그와 동시에 위로 올라갔던 8번들이 표시된 공간으로 다시 내려오면, 리즈는 중앙 지역에서 효과적으로 공을 움직일 수 있다. 공을 만지지 않고도 중원을 장악하는 것이다.

공을 잘 다루고 공간으로 패스를 보낼 능력을 가진 필립스와 화이트 같은 선수들이 있기 때문에 이러한 움직임은 더욱 효과를 발휘하게 된다.

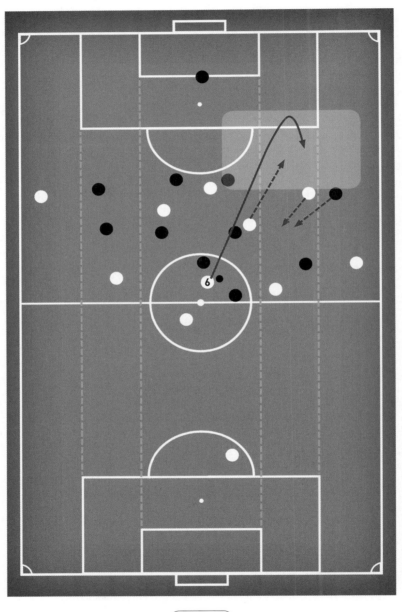

그림 27

로테이션(순환 움직임)

프리미어리그 승격을 이뤄낸 2019/20 시즌 내내 리즈는 공격 자원들의 다재다능함과 지능적인 플레이를 활용해 공격 지역에서 공략할 수 있는 공간을 찾아냈다. 수직 방향 로테이션으로 공간을 만드는 과정이 특히 그랬다.

그 예시를 그림 27에서 볼 수 있다.

이 경기에서는 6번 필립스가 공을 가지고 있다. 오른쪽에 있던 코스타는 공을 향해서 내려오며 수직 패스 옵션을 늘려준다. 이 움직임 때문에 상대 수비수가 코스타를 따라 원래 위치에서 끌려나왔다.

수직 로테이션은 대부분 상대 수비 조직에 혼란을 줄 수가 있다. 이 경우에는 코스타가 공을 향해 내려오는 것과 동시에 에르난데스가 전진해서 코스타가 만든 뒤쪽 공간을 공략한다. 이 로테이션으로 필립스는 수직 패스를 넣을 수 있게 된다.

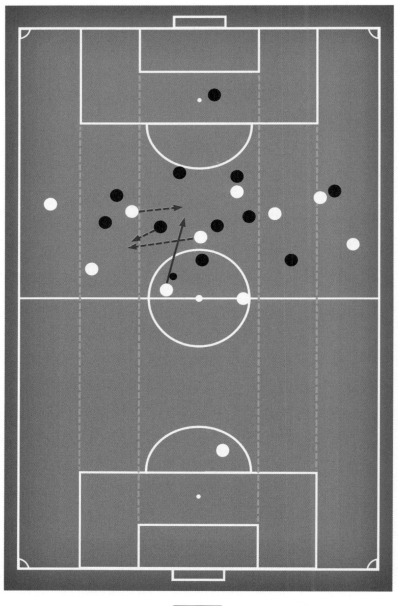

그림 28

로테이션(순환 움직임)

수직 로테이션이 리즈의 공격에 체계를 더해준다면, 수평 로테이션은 수적 우위를 가져오고 패스 옵션을 늘려 상대의 수비 조직을 공략할 수 있게 해준다.

그림 28에서 그 예시를 볼 수 있는데, 리즈는 상대 수비진 뒤쪽으로 수직 패스를 넣을 때와 정반대 방식으로 침착하게 공을 전진시킨다.

센터백이 공을 가진 상황에서 상대 미드필드와 수비진 사이로 패스를 보내려고 한다. 확실한 옵션이 없는 상태로 패스를 할 수도 있지만, 필립스와 클리흐가 영리한 움직임으로 공간을 만들어 깔끔한 패스가 이어질 수 있게 해준다.

먼저 움직이는 선수는 필립스다. 중원에서 왼쪽의 하프 스페이스로 이동하면서 상대 선수의 주의를 끈다. 상대가 필립스를 따라 움직이면 그때 클리흐가 로테이션을 시작한다. 움직이는 상대의 뒤쪽에 서 있다가 보이지 않는 방향으로 파고들어 핵심 위치를 차지하고 수직 패스를 받아 공격의 기반을 마련하는 것이다.

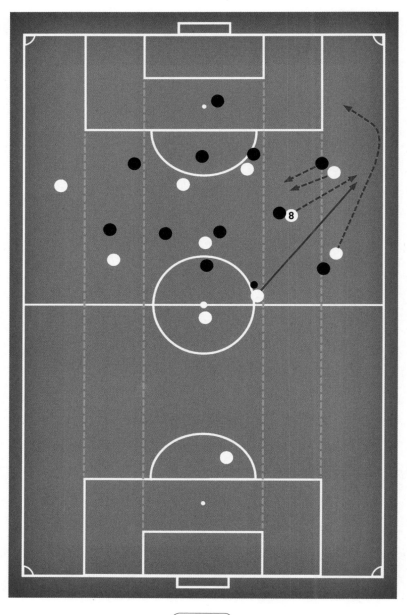

그림 29

로테이션(순환 움직임)

공격 진영까지 올라간 미드필더들은 중앙 지역을 장악하기 어려울 경우 측면 공간으로 로테이션해 깔끔한 패스 옵션을 만든다. 하프 스페이스나 중앙 지역에 있던 8번 선수가 측면으로 움직이는 건데, 이 움직임은 리즈가 측면 공간에서 수적 우위를 점하는 데 핵심이 된다.

그림 29는 이러한 로테이션 움직임을 보여준다.

화이트가 공을 잡고 있고, 패스할 공간과 시간 모두 충분해서 수직 패스로 기회를 만들 수 있는 상황이다. 첫 번째 로테이션 움직임은 오른쪽 윙어 코스타가 대각선 아래 방향으로 내려오는 것이다. 이번에도 이 움직임으로 상대 수비 조직에 혼란을 주면서 수비수들을 원래 위치에서 끌어내는 게 핵심이다.

이는 비엘사가 원하는 경기 방식의 핵심인데, 아주 단순하다. 상대 수비가 원래 위치에서 끌려나오면 리즈 선수가 그 공간으로 달려가 기회를 만드는 것이다. 코스타가 움직여서 만든 공간으로 8번 위치에 있던 에르난데스가 달려간다. 에르난데스가 패스를 받는 순간에는 이미 오른쪽 풀백인 아일링이 뒤쪽 공간으로 침투하며 상대 수비수들의 수직 간격을 벌려놓는다.

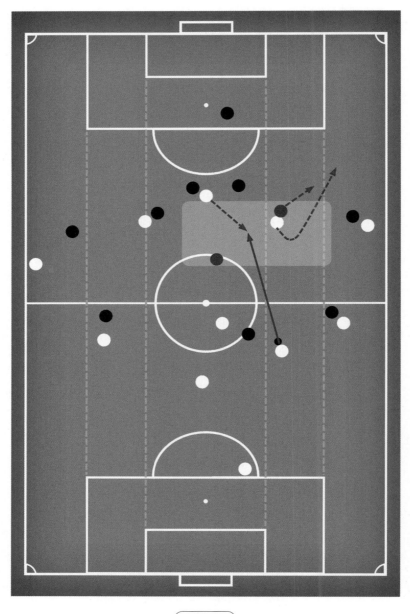

그림 30

로테이션(순환 움직임)

이러한 로테이션 방식은 공격 지역 어디에서든 이뤄져 상대에게 영향을 준다. 원래 위치에서 벗어나 공을 받는 선수는 누구라도 로테이션에 가담하게 된다.

그 사례를 그림 30에서 볼 수 있다.

이번에도 화이트가 공을 잡고 있다. 리즈에서 화이트보다 공을 잘 전진시킬 수 있는 주요 선수는 필립스밖에 없다. 화이트는 상대를 무너뜨릴 수 있는 지역으로 패스를 보낼 기회를 찾고 있다.

이번에는 에르난데스가 하프 스페이스에서 측면으로 달려가며 로테이션 움직임을 시작한다. 이번에도 로테이션의 핵심은 상대 선수를 끌고 가는 것이다. 상대 수비가 에르난데스를 따라 측면으로 가자 공간이 생겼고, 그 공간으로 뱀포드가 내려와 화이트의 수직 패스를 편안하게 받는다.

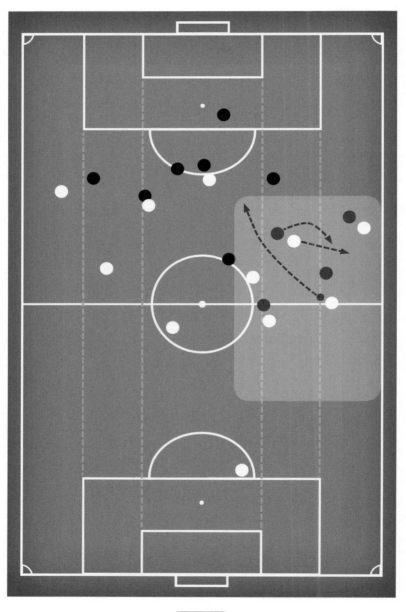

그림 31

로테이션(순환 움직임)

지금까지 로테이션을 통해 리즈 선수들이 어떻게 서로 자리를 바꿔 수직 패스가 가능하도록 움직이는지를 이야기했다. 상대 수비 조직에 공간이 만들어지면 로테이션으로 움직이는 선수가 공을 가지고 직접 전진하는 것도 가능하다.

그 사례를 그림 31에서 볼 수 있다.

아일링이 라이트백 포지션에서 공을 갖고 있다. 패스 옵션은 측면의 코스타에게 주거나, 안쪽의 필립스에게 주는 것이다. 이때 공 앞쪽의 하프 스페이스에 있던 클리흐가 측면으로 움직이며 상대 수비를 끌어냈고, 그 공간으로 아일링이 직접 공을 가지고 올라갈 수 있게 됐다.

리즈는 이렇게 다양한 공격 움직임을 갖춘 덕분에 낮은 수비 블록을 형성하고 수비하는 상대들을 무너뜨릴 수 있었다. 직접 안쪽으로 치고 들어가게 되면 아일링은 자동적으로 상대 수비 조직에 타격을 주게 된다. 공을 가진 아일링을 막으러 상대 수비수가 움직일 수밖에 없기 때문이다. 이는 수비진에 또다시 공간을 만들고, 다른 리즈 선수가 그 공간으로 들어가 패스 옵션이 될 수 있다.

Chapter 6

윙어들의 역할

리즈는 2019/20 시즌 내내 4-1-4-1과 3-3-1-3 시스템을 병행했기에 전술적으로 역동성을 가진 팀으로 보였다. 그러나 사실은 1장에서 다룬 것처럼 핵심 콘셉트와 원칙은 그대로 둔 채 시스템을 바꿔가며 사용한 것뿐이다. 위치 선정에 있어서는 어떤 시스템이든 윙어들의 역할이 가장 중요했다.

이 책에서는 많은 전술 콘셉트를 다루고 있지만, 비엘사가 측면 선수들에게 어떠한 기대를 하고 있는지를 충분히 이해할 필요가 있다. 8번 선수들이 수직 방향으로 움직여 상대 미드필드와 수비진 사이의 공간을 점유하려면, 우선 그 공간을 만들어야 한다. 이를 위해서 비엘사는 측면 선수들을 활용해 상대 수비 간격을 효과적으로 넓힌다. 빌드업 단계에서 양쪽 측면 선수들은 거의 사이드라인에 붙을 정도로 움직여 측면 공간을 차지하라는 지시를 받는다. 그러면 상대 수비는 원하는 만큼 촘촘한 간격을 유지할 수 없게 된다.

만약 상대 풀백들이 그대로 촘촘한 간격을 지키며 센터백 가까이에 붙어 있다면, 리즈의 측면 선수들은 측면 공간에서 편안하게 패스를 받을 수 있다.

반대로 상대 풀백들이 리즈 측면 선수들을 따라 측면 공간을 봉쇄하러 나오면, 수비 조직이 헐거워져서 리즈의 8번 선수들이 움직여 패스를 받을 공간이 생긴다.

이러한 선택지는 비엘사가 사용하는 공격 콘셉트의 핵심적인 정의라고할 수 있다. 상대는 측면과 중앙 지역을 수비하며 균형을 맞추기가 굉장히어렵다. 윙어들을 넓게 배치하는 것은 리즈가 챔피언십 우승을 차지하는 데있어 또 하나의 핵심적인 기능을 했는데, 이는 바로 수적 우위를 점하고 상대를 고립시키는 것이다.

이전 장에서 우리는 측면에서 수적 우위를 점하는 콘셉트를 다루며 이는리즈가 깔끔하게 공을 전진시키기 위해서라고 설명한 바 있다. 8번 선수들이 측면으로 전진하며 풀백, 윙어와 연계해 상대 수비와의 맞대결에서 우위를 점하는 것이다. 그렇게 우위를 점한 이후에는 선수들이 어떻게 상호작용하는지를 구체적으로 볼 수 있었다.

8번 선수들이 전진하면 중앙 지역은 비게 되고, 리즈 선수들은 측면에서수적 우위를 점한다. 이는 리즈가 시즌 내내 수직 패스 스타일의 경기를 해왔기 때문이고, 선수들이 계속 움직이므로 꼭 중원을 장악할 필요가 없기때문에 가능한 일이다. 이러한 요소들이 결합돼 리즈 선수들은 측면에 집중하여 상대 수비 블록을 쉽게 무너뜨릴 수 있게 되고, 이는 주로 오른쪽 측면에서 자주 볼 수 있다.

공격 지역까지의 빌드업에서 오른쪽 측면이 더 자주 활용된 이유는 오른쪽 8번 위치에 에르난데스를 배치했기 때문이다.

에르난데스는 위험 지역에서 공간을 찾아들어가 깔끔하게 패스를 받는능력이 있고, 덕분에 리즈는 에르난데스 쪽으로 더 자주 빌드업을 할 수 있었다. 또한 울버햄튼에서 영입한 윙어 코스타는 개인기가 좋고 오른쪽 측면에서 에르난데스와 연계하여 움직일 만큼 영리하기도 했다. 한쪽 측면에 많은 선수를 배치하면 상대도 자연스럽게 그쪽으로 수비 블록이 쏠리게 마련이다. 이때 반대쪽에 있는 선수들은 여전히 측면으로 넓은 위치를 유지해 리즈가 빠르게 방향 전환을 할 수 있도록 한다. 왼쪽 측면에는 맨체스터 시티에서 임대 영입한 해리슨을 주로 기용했다. 해리슨은 공을 받으면 빠르게 치고 들어가 상대 수비와 일대일로 맞섰다. 리즈는 주로 오른쪽에서 빌드업을 전개했지만, 왼쪽에서 전개할 때도 방향만 반대일 뿐 똑같은 상황을 연출했다.

비엘사는 측면 선수들이 상대 풀백과 고립돼서 맞서는 상황을 선호하기 때문에, 그 포지션에 영입하는 선수의 유형이 정해져 있다. 2019/20 시즌에는 내내 코스타가 오른쪽에, 해리슨이 왼쪽에 배치되는 모습이었다. 코스타는 오른쪽 측면에서 주로 왼발을 쓰기 때문에 공을 잡으면 자연스럽게 안쪽으로 치고 들어오려 한다. 해리슨은 왼쪽 측면에서 왼발을 쓰기 때문에 더 정통 윙어에 가깝지만, 그 또한 안쪽으로 치고 들어와 오른발도 편안하게 쓸 수 있다. 비엘사의 측면 자원들은 이처럼 공을 편안하게 다루면서 동료들과 위치를 바꿀 줄도 알아야 한다.

리즈의 두 측면 자원을 기록으로 비교해본 결과 흥미로운 유사점이 발견됐다. 코스타는 리그에서 3,178분을 소화하며 90분당 드리블 돌파를 6.17회 시도했고, 슈팅을 1.78회 시도했다. 또한 그는 90분당 기대 득점(슈팅이 골이 될 확률을 계산한 값) 0.18골에서 실제로 0.11골을 득점했다.

이번에는 해리슨의 기록을 살펴보자. 그는 리그에서 무려 4,050분을 소화하며 90분당 드리블 돌파 시도 6.04회, 슈팅 시도 1.64회를 기록했다. 기대

득점 0.21골에서 실제 득점은 0.13골이었다. 두 선수의 기록은 놀라울 정도로 비슷하다. 많은 출전 시간까지 고려하면 그 비슷함이 더욱 놀랍다. 이를 보면 비엘사가 공격 시에 측면 자원들에게 어떠한 역할을 기대하는지 확실히 알 수 있다.

측면 선수들은 수비할 때도 중요한 역할을 수행한다.

측면 선수들의 수비 위치는 포메이션에 따라 살짝 다르다. 3-3-1-3 포메이션에서는 최전방에 있지만, 4-1-4-1 포메이션에서는 최전방보다 하나 아래 라인에 포진한다. 이 차이는 미묘하지만 중요한데, 리즈가 공격에서 수비로 전환할 때 그들의 역할이 달라지기 때문이다. 측면 선수들의 역할은 공격 시에는 팀의 포메이션과 상관없이 일정하지만, 수비 시에는 더 다양해진다.

우리는 이미 3장에서 측면 선수들이 압박 시에 어떠한 역할을 하는지 살펴봤다. 그러나 해당 포지션의 역할을 구체적으로 이야기하려면 더 디테일하게 들어갈 필요가 있다.

상대가 수비진에서 공을 갖고 있을 때 측면 선수가 시작부터 압박에 가담할지는 상대 선수 몇 명이 빌드업을 하고 있는지에 따라 결정된다. 전방 압박에서는 '-1' 원칙을 기억하자. 만약 상대가 세 명의 센터백으로 빌드업을 하거나 두 명의 센터백과 6번이 함께 빌드업을 하게 되면, 공이 있는 쪽의 측면 선수가 스트라이커와 함께 압박을 가한다. 이 규칙은 간단해 보이지만 엄청난 훈련과 집중력을 요구한다. 선수들이 공의 위치와 상대 팀의 포메이션을 항상 이해하고 있어야 하기 때문이다.

한쪽 윙어가 압박에 가담하면 반대쪽에서는 밑으로 내려와 가장 가까운 상대 선수를 대인 방어한다. 이러한 상황에서 리즈 선수들은 유연성을 발휘해야 함과 동시에 압박 타이밍이 오면 곧바로 압박에 가담해야 한다.

비엘사는 측면 선수들에게 기술뿐만 아니라 체력적인 부분도 요구한다. 측면 선수들은 스피드도 있어야 하는데, 이는 공격 시에 상대 수비를 떼어 놓기 위해서만이 아니라 수비 시 상대가 탈압박을 했을 때 수비 조직을 회복하기 위해서이기도 하다. 측면 선수들은 수비 조직이 안정적일 때는 가까운 상대를 방어하고, 팀 동료가 뚫렸을 때는 수비 블록을 유지하기 위한 로테이션 움직임을 위해 뛰어 들어와야 한다.

이 때문에 우리는 리즈의 측면 선수들이 상대를 따라서 수비 진영 혹은 중앙 지역으로 이동하는 모습을 쉽게 볼 수 있다. 익숙하지 않은 사람에게는 이상해 보일 수 있는 모습이지만, 리즈에서는 측면 선수들이 이러한 수비 역할을 수행하는 게 필수적이다.

이번에도 측면 선수들이 수비 시에 얼마나 효과적으로 움직였는지를 기록으로 살펴보겠다. 상대 골문에 가까운 지역에서 공을 되찾은 경우를 보자. 상대 진영에서 소유권을 회복한 기록이 코스타는 90분당 3.94회, 해리슨은 3.67회에 달한다.

지금까지 논의한 콘셉트의 실제 사례를 그림과 함께 살펴보겠다.

Marcelo
BIELSA

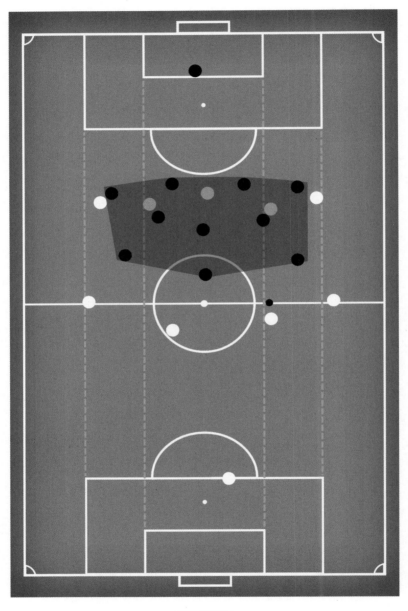

그림 32

먼저 상대가 뒤로 물러나 촘촘한 수비 블록을 형성하고 있을 때 공간이 어떻게 되는지 그림 32를 통해 살펴보자.

중앙 지역에는 공격 팀이 패스를 받을 만한 공간이 없는 것을 분명하게 볼 수 있다. 이런 식으로 수비하는 상대를 무너뜨리려면 바깥쪽으로 움직이며 폭을 넓혀서 수비 블록에 영향을 줘야 한다.

이런 방식의 수비를 잘 훈련한 팀은 간단하게 진자 운동처럼 공의 위치를 따라 움직여 블록을 유지할 것이다. 만약 공격 팀이 왼쪽 측면으로 공을 보내면 수비 팀은 모든 선수가 그쪽 공간으로 움직이는 방식이다. 이렇게 움직일 수 있다면 수비로서는 이상적인 위치 선정이지만, 실제로 이러한 형태를 유지하기는 무척 어렵다.

이러한 수비 조직을 가장 효과적으로 깨트리는 방법은 수비가 판단하기 어려운 상황을 계속해서 연출하는 것인데, 리즈는 승격을 이뤄낸 시즌 내내 이를 잘 해냈다. 다음 그림에서는 이에 대한 구체적인 사례를 살펴보겠다.

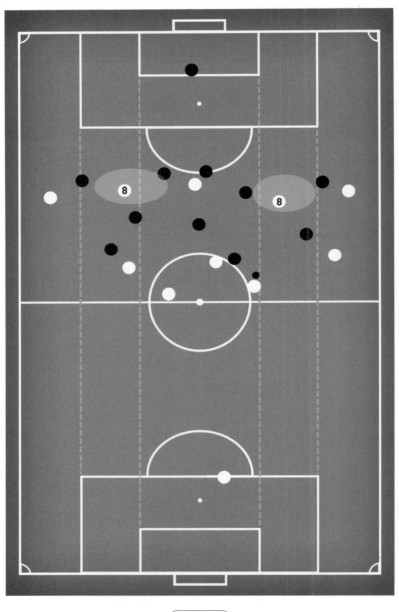

그림 33

이처럼 폭이 좁고 촘촘한 수비 블록을 무너뜨리는 방법은 윙어를 효과적으로 활용해 폭을 넓혀 공간을 만드는 것이다. 그림 33에서는 그렇게 공간을 만드는 예시를 볼 수 있다.

리즈는 두 명의 윙어를 넓게 배치했다. 윙어가 사이드라인 가까이에 위치하게 되면 상대 풀백들은 판단이 어려운 상황에 놓인다. 계속 촘촘한 수비 간격을 유지하며 공격 팀의 기회를 차단해야 할지, 아니면 중앙에 공간을 내주더라도 측면에서의 위협을 커버하기 위해 움직여야 할지를 판단해야 하는 것이다.

리즈는 이러한 움직임을 아주 효과적으로 해냈다. 측면 선수들이 사이드라인 가까이 붙어 있게 되면 두 명의 8번이 전진해 상대 수비에게 딜레마를 안겼다. 측면과 중앙에서 동시에 위협을 가하고, 상대가 수비 블록을 효과적으로 움직이지 못해 이 위협을 차단하는 데 실패하면 리즈는 수비의 약점을 찾아서 공략할 수 있었다. 리즈 선수들이 매우 유연하게 움직이는 것이 이러한 공격 방식의 핵심이었다.

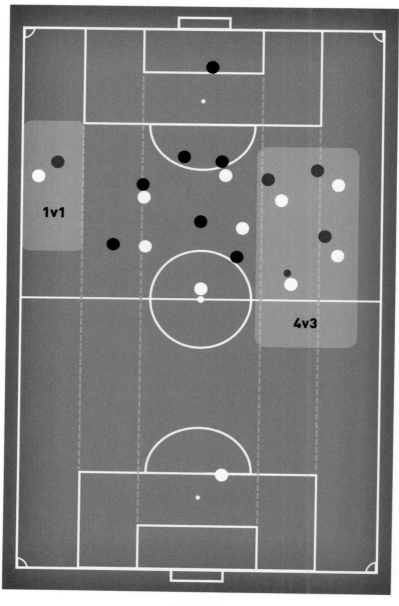

그림 34

비엘사는 여느 최고 수준의 감독이 그렇듯 수적 우위와 고립을 경기의 핵심 요소로 삼고 있다. 한쪽 측면에 선수들을 몰아넣어 상대 수비에 선택을 강요하는 방식이다. 이는 지난 예시에서 살펴본 것과 비슷하게 상대 조직에 혼란을 안겨 수비 블록 사이에 공간을 만들려는 것이다. 이 콘셉트에서 윙어의 역할이 중요한데, 반대쪽에 있는 윙어는 공의 방향에 끌려가지 않고 폭 넓은 위치를 지키고 있어야 한다.

그림 34에서 이러한 움직임의 예시를 볼 수 있다.

리즈는 오른쪽 측면으로 공격을 감행하고 있다. 이번에도 시즌 내내 해왔던 것처럼 화이트가 공을 가진 상태로 공격을 시작한다. 오른쪽 하프 스페이스와 측면 공간에서 리즈는 4대3으로 수적 우위를 점하고 있다. 이는 아일링, 에르난데스, 코스타의 위치 선정 덕분이다. 이 때문에 오른쪽으로 패스를 전개해 수적 우위를 점한 상태에서 상대 수비진을 압도할 수가 있다.

우리는 이러한 상황에서 상대 수비에 혼란을 주기 위한 리즈 선수들의 로테이션 움직임에 대해 다룬 바 있다.

여기서 핵심은 반대쪽 측면에 있는 해리슨의 위치 선정이다. 측면 위치를 고수하면서 상대 풀백을 고립시켜 일대일 상황을 만드는 것이다. 상대 수비가 공이 있는 쪽으로 끌려가면 리즈는 재빨리 방향을 전환해 왼쪽 측면에서 기회를 만들어내려고 한다.

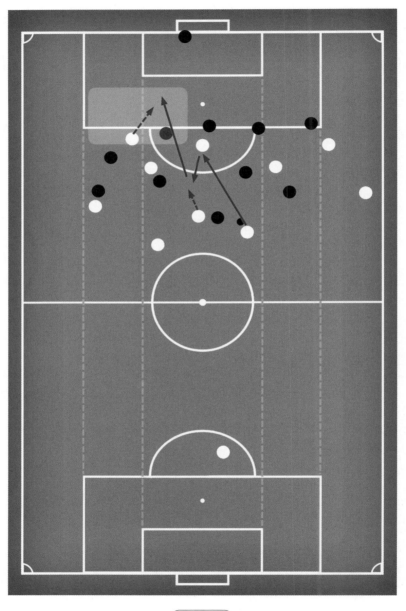

그림 35

지공 상황에서는 측면 선수들이 상대 진영에서 더 적극적으로 공간을 찾아 움직이며 패스를 받아 직접 슈팅을 하거나 동료에게 슈팅 기회를 만들어주려고 한다.

그림 35는 이와 관련된 예시인데, 해리슨이 움직이며 패스를 받는 상황이다. 리즈가 페널티 지역 근처에서 공격을 감행하고, 상대는 촘촘한 일자 수비와 함께 뒤로 물러나 있다. 하지만 수비의 폭은 여전히 넓기 때문에 리즈는 중앙 지역에서 전진-후진-침투 패스를 통해 후방으로 침투하는 해리슨을 활용하게 된다.

뱀포드가 내려와서 상대 골문을 등진 채로 자신에게 온 첫 번째 패스를 받는다. 이 각도에서 뱀포드는 클리흐에게 공을 내주는데, 이때 상대 수비가 뱀포드를 따라나와서 생긴 공간을 향해 해리슨이 침투한다. 해리슨은 상대가 볼 수 없는 각도의 대각선 방향으로 움직이고, 이 움직임에 맞춰 클리흐가 상대 수비진 뒤쪽 공간으로 빠르게 패스를 보내면서 리즈는 득점 기회를 만들게 된다.

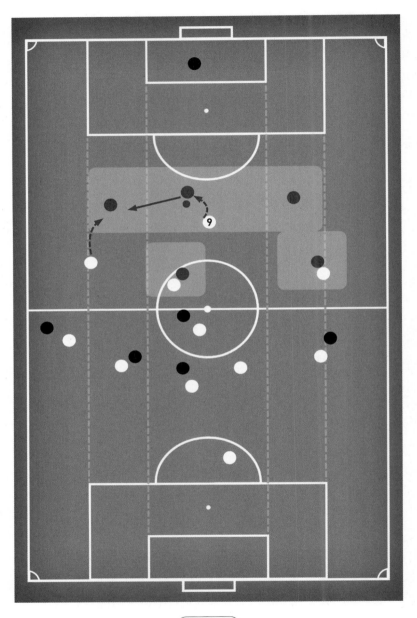

그림 36

112

측면 선수들의 수비 시 역할에 대해서는 이미 압박을 다룬 장에서 언급한 바 있지만, 이는 워낙 중요한 내용이기에 다시 한 번 다뤄보려 한다.

비엘사가 리즈 선수들을 지도할 때 중요하게 여기는 요소는 바로 공의 위치에 따라서 움직이는 것이다. 이는 특히 수비 시에 언제 압박을 하고 언제 대인방어를 할지를 결정하는 데 중요한 기준이 된다.

그림 36에서 이러한 모습을 볼 수 있다.

상대가 수비진에서부터 세 명의 센터백으로 빌드업을 시작하는 상황이다. 리즈는 '-1' 원칙으로 전방 압박을 하기 때문에 두 선수가 달려들어 상대가 편안하게 공을 전진시키지 못하도록 막는다.

9번이 중앙에서 압박을 시작하면서 센터백끼리 패스를 주고받을 각도를 차단하면, 왼쪽 윙어도 상대 조직을 파악하고 공을 향해 달려든다. 리즈 선수들 중에서 수비 임무를 가장 정확하게 이해해야 하는 포지션이 바로 윙어다. 계속해서 상대 조직이 어떻게 변화하는지 파악하고 상황에 맞게 압박에 가담해야 하기 때문이다.

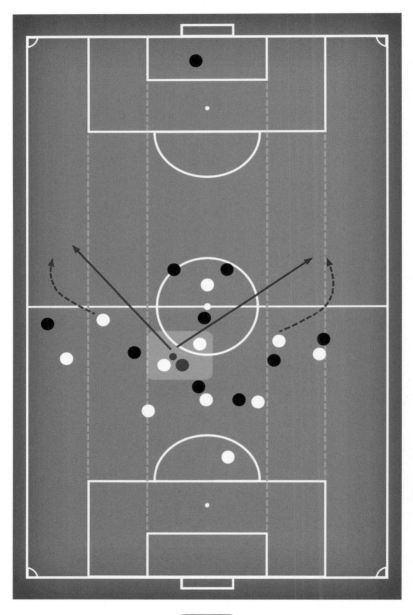

그림 37

리즈는 압박과 대인 방어를 결합한 수비만큼이나 공을 되찾았을 때 공격으로 전환하는 방식 또한 인상적이다.

공격 전환 시에 리즈가 빠르게 공을 전진시킬 때도 측면 선수들의 역할이 핵심이다. 측면에서 빠르게 움직여 상대 수비의 폭을 넓혀놓기 때문이다.

이러한 사례를 그림 37에서 볼 수 있다.

상대가 중앙 지역으로 공격을 감행하다가 리즈에게 공을 빼앗겼다. 그 즉시 이 지역에 있던 리즈 윙어들은 하프 스페이스나 측면 지역을 공략한다. 공을 되찾은 동료가 수직 패스를 넣을 능력을 갖췄다고 믿고 움직이는 것이다.

리즈는 이러한 움직임으로 상대 수비 조직을 헐겁게 해서 공간을 만들고, 편안하게 공격을 감행한다.

Chapter 7
자유로운 8번

비엘사 감독이 2019/20 시즌 내내 가동한 공격 모델에서 가장 중요한 요소 중 하나는 8번의 역할이었다. 리즈가 4-1-4-1과 3-3-1-3중 어떤 포메이션을 사용하느냐에 따라 8번의 역할도 달라졌지만, 그 핵심 기능만큼은 일관됐다.

8번의 움직임을 완전히 이해하려면 비엘사와 비슷한 공격 철학을 가진 감독들이 중원을 어떻게 운용하는지 짚어볼 필요가 있다. 우선은 과르디올라 감독의 맨체스터 시티를 떠올려 보자. 맨체스터 시티는 2019/20 시즌에 리즈와 비슷한 포메이션을 사용했는데, 한 명의 피보테가 중심을 잡고 그 위에 두 명의 8번을 배치하는 1-2 구성이었다.

비엘사가 미드필더에게 부여하는 역할이 과르디올라와 다른 부분은 다소 간단하다. 과르디올라는 두 명의 8번에게 연결고리와 공을 전진시키는 역할을 맡겨 중원을 장악하고 패스 옵션을 만들려고 한다. 공이 파이널 서드로 올라갈 때는 자유로운 역할을 맡아 공간을 만들기 위해 하프 스페이스를 공략하도록 한다.

똑같은 1-2 구성을 리버풀의 클로프 감독도 사용했는데, 그의 시스템에서도 8번의 역할은 리즈와 다르다. 리버풀은 8번 선수들이 높이 올라가지 않으면서 중원 지역을 장악하려는 경향이 있다.

이제 비엘사 감독 시스템에서의 8번을 보자. 리즈의 8번 역할에는 효과적으로 움직일 수 있는 아주 구체적인 조건을 갖춘 선수가 필요하다. 특히나 4-1-4-1 포메이션에서 더욱 그런데, 8번은 리즈가 공격 빌드업을 시작하는 즉시 전진해야 한다는 이야기를 이미 한 바 있다. 이는 의도적으로 상대 수비 블록을 넓히고 중앙을 비워두는 전술이다. 리즈가 공격할 때 측면 선수들을 측면에만 두는 걸 생각해보면 이 전술의 목적은 간단하다. 하프 스페이스나 중앙 지역의 공간을 8번 선수들이 공략하기 위한 것이다. 만약 8번 선수들이 이 공간에 들어가게 되면 곧바로 파이널 서드에서 공격 움직임을 시작할 기반을 만들 수가 있다.

공격의 기반을 만드는 콘셉트는 현재 캐나다의 브램튼 사커 클럽의 선수, 코치 육성 디렉터로 일하고 있는 조이 롬바르디에게서 처음 접했다. 이는 선수들이 상대 미드필드와 수비진 사이의 공간을 장악하는 것이다. 이 공간에서는 다소 안전하게 패스를 받을 수 있다. 이 콘셉트의 핵심은 이 공간으로 공이 들어갔을 때 선수들이 그 위치를 기준점으로 삼아 더 전진해서 위쪽 공간을 장악하는 것이다. 8번 선수들이 이 기반을 장악하고 패스를 받을 수 있다면, 그 즉시 상대 수비 조직보다 우위를 점할 수 있게 된다. 바로 이 공간에서부터 비엘사가 공격 시에 원하는 수직 패스 스타일을 구사할 수 있는 것이다.

이러한 플레이를 구사하려면 8번이 체력적으로 아주 잘 준비돼 있어야 한다. 비엘사의 시스템에서 6번이 공을 전진시키는 두뇌 역할이라면, 8번은 심장과 폐 역할을 맡아 어떠한 상황에서도 경기를 효과적으로 풀어갈 수 있도록 해야 한다.

또한 8번은 체력뿐만 아니라 기술적인 능력도 간과할 수 없다. 공격 시 빠른 로테이션 움직임으로 공간을 비우거나 채워야 하고, 패스를 받아서 효과적으로 연결할 수 있는 기술적인 능력도 필요하기 때문이다. 4-1-4-1에서든 3-3-1-3에서든 리즈의 8번 선수들은 본질적으로 피보테처럼 뛰면서 연결고리가 돼야 한다. 패스를 받으면 곧바로 자유롭게 있는 다음 동료를 찾아야 하는 것이다.

이러한 체력적, 기술적 능력을 조화롭게 갖춘 선수가 바로 폴란드 국가대표인 클리흐다. 클리흐는 2019/20 시즌에 8번 역할로 타일러 로버츠(Tyler D'Whyte Roberts), 스튜어트 댈러스 등과 호흡을 맞추며 리그에서 무려 3,816분을 소화했다. 클리흐의 파트너로 가장 좋은 시너지 효과를 낸 선수는 바로 에르난데스였다. 에르난데스는 2017년 리즈에 입단할 때 이미 선수로서 황혼기를 맞이하고 있었고, 측면에서의 창의적인 플레이는 의심할 여지가 없는 선수였다. 그런 에르난데스가 중앙 지역으로 움직이면서 연계 플레이를 펼치자 리즈의 공격 작업은 크게 발전했다.

클리흐가 신체 능력과 기술로 상대를 공략했다면, 에르난데스는 넓은 시야를 바탕으로 정확한 타이밍에 알맞은 패스를 보내는 능력을 발휘했다.

에르난데스는 결코 서두르거나 당황하는 법이 없는 전형적인 스페인 미드필더였다. 압박해오는 상대 수비를 속이고 정확한 타이밍에 패스를 연결하는 능력은 리즈가 챔피언십 우승을 차지하는 데 굉장히 중요했다. 이 두 선수의 능력은 데이터에서도 분명하게 나타난다.

클리흐는 4,035분을 뛰면서 90분당 기대득점 0.17골에 실제 득점은 0.13골이었다. 공격 시에 직접 슈팅하기보다는 기회를 만드는 역할이었다는 걸

감안해야 한다. 90분당 슈팅이 1.65회에 불과했지만, 크로스는 2.7회, 페널티 지역 안으로의 패스는 4.53회에 달했다. 클리흐는 높은 위치에서 패스를 받았을 뿐만 아니라, 공의 전진에도 놀라울 만큼 중요한 역할을 해냈다. 90분당 프로그레시브 패스(자기 진영 내에서 30m 이상, 하프라인 넘어 15m 이상, 상대 진영 내에서 10m 이상 전진한 패스) 7.52회, 파이널 서드로의 패스는 5.91회였다.

　반면에 에르난데스는 리그에서 클리흐보다 적은 2,685분만을 소화했다. 90분당 기대득점 0.19골에 실제 득점은 0.3골이었고, 2.45회의 슈팅은 뱀포드와 로버츠에 이어 팀 내 3위(90분 이상 출전 선수 중)에 해당하는 기록이었다. 에르난데스의 득점 기여는 90분당 기대도움(패스가 도움으로 이어질 확률을 계산한 값) 0.31에 실제 도움 0.37이라는 인상적인 기록으로 더 두드러진다. 경기장에 있는 동안은 늘 창의적인 공격을 펼치며 90분당 드리블 돌파 3.52회, 크로스 2.75회, 키 패스(슈팅으로 이어진 패스) 1.11회라는 기록을 남겼다.

　이제 이러한 움직임을 실제 사례와 함께 살펴보자.

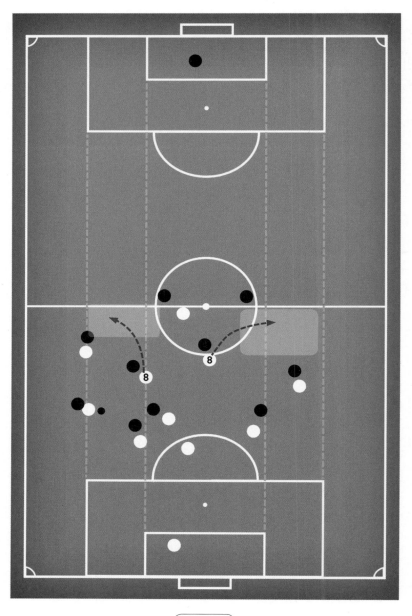

그림 38

비엘사 감독의 8번은 리즈가 공을 잡는 즉시 전진한다는 내용을 이미 다룬 바 있다. 중앙 지역을 비워두고 최전방과의 연계를 위해 움직이는 것이다. 이는 리즈가 상대를 가장 효과적으로 공략할 수 있는 지역으로 빠르게 공을 보내는 수직 패스 콘셉트의 핵심이다.

　이러한 움직임의 예시를 그림 38에서 볼 수 있다.

　상대가 꽤 높은 지역까지 올라와 공격을 하는 상황에서 리즈의 레프트백 댈러스가 공을 되찾았다. 그 즉시 리즈는 공격으로 전환하고, 두 명의 8번은 각자의 위치로 움직인다.

　여기서는 너무 높이 올라가지 않고 공간에 자리를 잡는 게 핵심이다. 한 명은 왼쪽에, 한 명은 오른쪽에 위치함으로써 효과적인 공격을 전개할 수 있는 기반을 만든다.

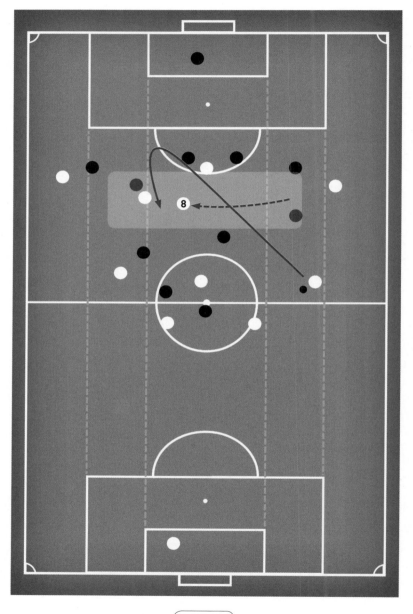

그림 39

8번의 위치 선정과 움직임은 리즈가 승격을 이뤄낸 2019/20 시즌 내내 정말 놀라웠다.

전진해서 수직 패스 옵션을 만들었을 뿐만 아니라, 측면으로 움직여서 상대 수비 조직의 약점을 공략하기도 했기 때문이다. 미드필더가 측면으로 움직여 수적 우위를 점하는 것은 일반적으로 사용되는 콘셉트지만, 두 명의 8번이 양쪽으로 똑같은 움직임을 가져가는 것은 그다지 일반적이지 않다.

이렇듯 선수들이 상대 수비에 영향을 줄 수 있는 위치로 유연하게 움직이도록 하는 전술을 보면 비엘사의 천재성이 엿보인다. 때로는 8번이 반대쪽 측면으로 움직여서 수적 우위를 점하고 상대를 공략하는 모습을 볼 수 있다.

이러한 예시를 그림 39로 살펴보자.

오른쪽에 위치한 8번 에르난데스가 반대쪽 파트너인 클리흐를 향해서 달려간다. 이러한 움직임은 상대 미드필더가 볼 수 없는 수비진과의 사이 공간에서 이뤄지는 게 중요하다. 에르난데스의 움직임에 맞춰 아일링은 리즈가 수적 우위를 점한 중앙 지역으로 패스를 보낸다.

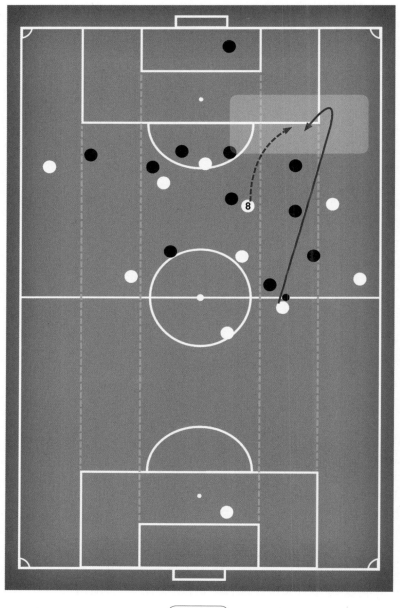

그림 40

리즈에서 8번이 그토록 중요한 이유는 바로 경기장을 가로지르는 지능적인 움직임 때문이다. 계속해서 공간을 점유하고 핵심 지역에서 패스를 받을 수 있도록 움직여주는 덕분에 리즈가 항상 상대 수비 조직보다 수적 우위를 점하고 공격을 할 수 있었다. 이러한 움직임으로 경기장을 넓게 쓰면 상대 수비 조직의 간격은 넓어질 수밖에 없다.

그림 40을 살펴보자.

이번에도 에르난데스가 핵심인데, 그는 노련하고 지능적인 플레이로 상대를 공략할 공간을 찾아 들어간다. 리즈가 늘 짧은 패스 조합과 연계로만 상대를 공략한다고 생각하면 큰 오산이다. 여느 최고 수준의 팀들과 마찬가지로, 긴 패스가 필요할 때는 길게 보낸다.

공을 잡고 있던 화이트에게는 짧은 패스 옵션도 존재하지만, 8번 위치에 있던 에르난데스가 상대 레프트백 뒤쪽의 하프 스페이스로 침투하자 화이트는 상대 수비진 너머로 패스를 연결해 곧바로 상대 골문을 위협할 수 있도록 했다.

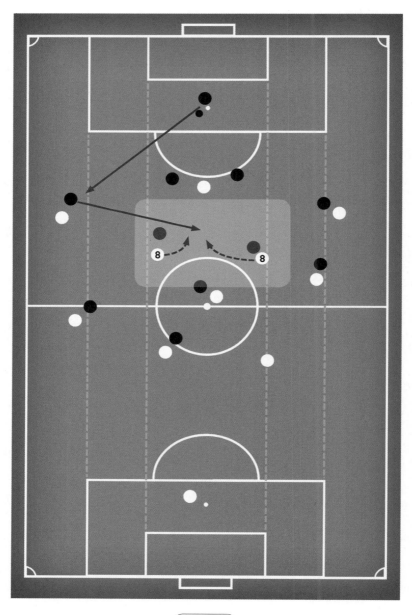

그림 41

리즈의 8번에게서 가장 흔하게 볼 수 있는 모습은 상대 진영에서 공을 빠르게 되찾아 곧바로 공격으로 전환해 상대 골문을 공격하는 것이다. 이는 물론 비엘사의 팀에서 극도로 중요한 원칙이기도 하다.

8번은 지능적으로 경기 흐름을 읽고 공을 향해 달려들어 상대가 공격 초기 단계에서 실수를 하도록 유도한다. 이는 중앙 지역에서의 압박 타이밍과 연결되어 있다. 상대가 자신의 골문을 바라보는 자세로 공을 받으면 곧바로 압박을 가하는 것이다.

그림 41은 이러한 압박이 실제로 어떻게 작동했는지를 설명한다.

상대 골키퍼가 압박을 받지 않은 채로 라이트백에게 패스를 한다. 라이트백은 다소 느슨한 압박을 피해 중앙 지역으로 패스를 이어주게 된다. 바로 이 타이밍에 리즈의 강한 압박이 시작되는데, 중앙으로 공이 오는 즉시 두 명의 8번이 달려들어 압박을 가한다. 동시에 공격적인 압박을 가해 공을 빼앗으면 그 지점에서부터 바로 페널티 지역을 공격할 수 있게 된다.

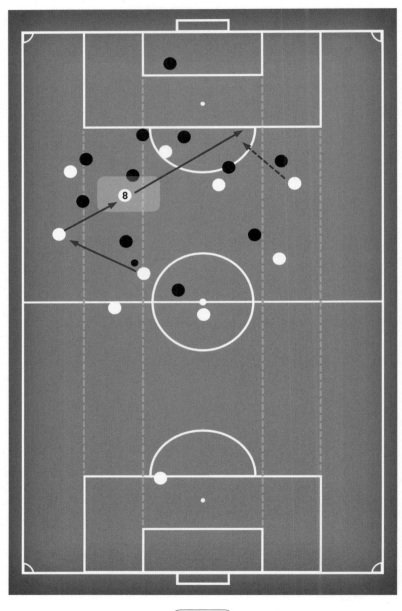

그림 42

4-1-4-1 포메이션에서 두 명의 8번은 공격 시 파이널 서드로 공을 안전하게 보내는 과정에 매우 중요한 연결고리 역할을 한다. 미드필더들이 패스를 받으러 공을 향해 움직이다가 공격 지역에 있는 동료와 빠르게 연계하는 모습을 종종 볼 수 있는데, 이는 가까운 위치에서의 패스 콤비네이션과 지능적인 스위치 플레이를 뜻한다.

그 모습을 그림 42에서 볼 수 있다.

하프라인 바로 위에서 필립스가 공을 가진 지점이 공격 구조의 시작점이다. 필립스는 대각선 패스를 측면 공간에 있는 레프트백인 에즈잔 알리오스키(Ezgjan 'Gjanni' Alioski)에게 빠르게 이어준다. 이 패스가 연결되는 순간 8번 클리흐는 공을 향해 살짝 이동하지만, 여전히 하프 스페이스에 자리를 잡고 있다. 그 위치에서 편하게 공을 이어받으며 리즈의 공격이 전개되는 것이다.

클리흐는 공을 받은 위치에서 다시 왼쪽 측면의 윙어와 연계할 수도 있다. 그러나 그는 지능적으로 반대 방향으로 움직인 뒤 상대 수비진을 뚫는 대각선 패스를 시도한다. 패스의 목표는 상대 수비 뒤쪽 공간으로 침투하는 반대쪽 윙어다.

이처럼 8번은 위치 싸움에서 꾸준하게 우위를 점하며 패스 연계를 시도하고, 이로써 리즈는 공 점유를 의미있게 이어가게 된다.

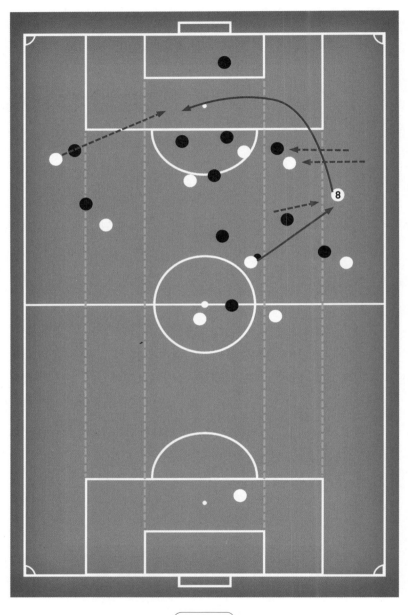

그림 43

이러한 연계 플레이는 파이널 서드 지역에서 8번의 역할을 더욱 중요하게 만든다. 8번이 공간으로 로테이션 움직임을 하면 확실한 전진 패스 옵션이 되기 때문이다. 이는 특히 공격 지역에서 활발하게 움직이는 에르난데스에게서 자주 볼 수 있는 플레이다.

그림 43에서 이 예시를 볼 수 있다.

먼저 주목할 부분은 측면 공간에서의 로테이션 움직임이다. 오른쪽 윙어인 코스타가 안쪽으로 상대 수비를 끌고 들어온다. 이로 인해 측면에 생긴 공간을 에르난데스가 빠르게 차지한다. 에르난데스가 이 공간으로 들어가는 움직임에 맞춰 패스가 측면으로 이어진다. 이때가 정말 중요한데, 에르난데스는 반대쪽 페널티 지역 측면에 대각선 방향으로 달려드는 해리슨에게 즉시 패스를 이어주어 득점 기회를 만든다.

Chapter 8
벤 화이트

리즈가 2019/20 시즌을 앞두고 브라이튼 & 호브 앨비언으로부터 22세 수비수 화이트를 임대로 영입했다고 발표했을 때, 이는 주전 멤버의 수준을 높이기 위해서라기보다는 선수층을 두껍게 만들기 위한 영입이라는 인상이었다. 하지만 시즌 막바지에 화이트는 잉글랜드 대표팀에 뽑혀야 한다는 기대를 받으며 수백억 원의 이적료로 완전 이적하리라는 예상을 낳았다. 2019/20 시즌 리즈의 경기력을 제대로 이해하고 평가하기 위해서는 화이트가 수비의 중심에서 보여준 임팩트를 인정해야만 한다.

화이트가 리즈와 계약한 2019년 7월 1일 당시에는 리암 쿠퍼와 폰투스 얀손(Pontus Jansson)이라는 확실한 주전 센터백 둘이 있었다. 얀손과 비엘사 감독 사이에 약간의 문제가 있기는 했지만, 이 두 선수가 확고한 주전이었기에 화이트가 들어올 틈은 없어 보였다. 그러나 놀랍게도 얀손은 7월 8일에 리즈와 승격을 두고 경쟁할 라이벌인 브렌트포드로 이적했다.

많은 리즈 팬들이 얀손의 이적을 두고 구단의 전력 강화부를 의심했다. 센터백 포지션에 선수가 부족해 보였기 때문이다. 그 시점부터 화이트는 시즌이 끝날 때까지 리그에서만 무려 4,471분을 소화하며 프리미어리그로 돌아가는 리즈의 최우선 영입 대상이 됐다.

화이트는 사우샘프턴 소속 유소년이었으나, 16살의 나이에 방출당한 뒤 방랑기를 거쳐 주목을 받은 선수다. 그래도 소속팀이 없던 시기는 길지 않았다. 해당 지역 유망주들을 면밀히 관찰해온 브라이튼이 사우샘프턴에서 방출된 것과 거의 동시에 화이트를 영입했기 때문이다. 그때만 해도 화이트가 1군 수준까지 성장하리라는 보장은 없었다. 기술적인 재능은 있어 보였지만, 센터백 치고는 체구가 작았기 때문이다.

2017/18 시즌 초반, 화이트는 4부 리그 팀인 뉴포트 카운티로 임대됐다. 그곳에서 1군 성인 무대가 어떤지를 제대로 경험할 수 있었지만, 신체 능력은 계속해서 시험대에 올랐다. 하지만 이 시즌에 화이트는 팀의 핵심 선수로 자리 잡으며 FA컵에서 토트넘을 만나 해리 케인(Harry Edward Kane)을 상대로 인상적인 모습을 보여줬다. 결국 화이트는 그 시즌 뉴포트 구단 올해의 선수로 선정됐고, 마이크 플린(Mike Flynn) 감독은 화이트를 '구단 역사상 최고의 임대생'이라고 평가했다.

화이트는 브라이튼으로 복귀한 뒤, FA컵 맞대결에서부터 관심을 보인 토트넘을 뒤로하고 장기 재계약을 체결했다. 그러나 또다시 임대가 기다리고 있었고, 2019년 1월에 3부 리그 팀인 피터보로로 임대됐다. 일찌감치 피터보로의 주전으로 자리를 잡은 화이트는 4부 리그에 이어 3부 리그에서도 편안하게 실력을 발휘했다.

화이트는 임대를 통해 리그의 단계를 거쳐 올라가면서 여러 단계의 축구를 충분히 경험했다. 4부 리그에서 3부 리그로의 진화에는 잘 대처했고, 이후 리즈로 임대되며 2부 리그인 챔피언십에서 뛰게 된 것이다. 이제 와서 생각해보면 리즈 팬들은 화이트가 팀을 떠난 얀손을 대체할 수 있을지를 걱정할 필요가 전혀 없었다.

22세 생일을 두 달 남겨두고 리즈로 임대된 화이트는 하나의 소속팀에서 자리를 완전히 잡기 시작할 나이는 이미 지나 있었다. 키는 185cm로 센터백 치고는 크지 않았는데, 이것이 비엘사가 그를 수비진에서 자유로운 수비수로 활용할 수밖에 없는 이유가 됐다. 상대 공격수를 막는 책임은 쿠퍼가 지게 됐다.

화이트는 공중볼 수비에서 어느 정도 어려움을 겪기는 했다. 90분당 4.87회의 공중 경합에서 승률은 54.5%였는데, 이를 센스 있는 위치 선정과 지상 경합 시의 타이밍 좋은 수비로 만회했다. 지상 경합은 90분당 9.2회에 승률은 71.6%였다. 그는 어린 나이에도 경기 흐름을 읽는 능력이 아주 뛰어났고, 위치 선정과 타이밍을 잡는 센스도 좋아 선제적인 수비를 펼칠 수 있었다. 언제든 알맞은 곳에 자리를 잡고 공을 빼앗는 것처럼 보였다.

또한 화이트는 굉장히 다재다능한 선수라서 다양한 수비 상황에 편안하게 대처할 줄 안다. 뒤로 물러나 수비 블록을 형성할 때는 언제 어떻게 위치를 바꿔가며 상대의 패스 각도를 차단하고 페널티 지역으로의 접근을 막아야 하는지 알고 있다.

화이트는 스피드가 최고 수준이 아님에도 경기 흐름을 워낙 잘 읽었기 때문에 수비 라인을 높게 올리더라도 상대를 놓치지 않았다. 또한 그는 골반 회전이 좋고 움직임이 유연하여, 상대가 뒤쪽 공간을 노린 패스를 했을 때도 빠르게 돌아서서 수비를 할 수 있었다. 중요한 점은 화이트가 측면으로 이동해서 역습을 해오는 상대의 빠른 공격수를 막을 때도 안정적으로 수비를 펼쳤다는 것이다. 이러한 상황에서도 스피드 부족은 거의 드러나지 않았다.

공을 전진시키는 빌드업 과정에서도 화이트는 빠르게 팀의 핵심으로 자리 잡았다. 화이트는 시즌 내내 많은 패스를 담당했는데, 90분당 48.67회의 패스를 시도해 성공률이 87.6%였다. 그러나 이러한 기록만으로는 리즈가 공을 가졌을 때 화이트가 얼마나 중요한지를 제대로 이해할 수 없다. 잉글랜드 유망주인 그는 비엘사가 선호하는 경기 모델을 빠르게 파악하고 공을 수직으로 움직이는 콘셉트도 아주 잘 이해했다.

화이트는 동료 센터백에게 측면 패스만 하는, 안전한 플레이를 하는 센터백이 아니었다. 그는 위험을 감수하고 상대 골문 앞까지 패스를 연결해 상대 수비 조직을 무너뜨리고자 했다. 90분당 프로그레시브 패스가 7.51회, 파이널 서드로의 패스는 7.53회에 달한 덕분에 6번 필립스나 라이트백인 아일링의 대안이 됐다. 또한 화이트는 리즈가 공을 가졌을 때 넓은 다이아몬드 형태에서 아래 꼭지점 역할도 수행할 수 있었다. 경기장 구석까지 패스를 보낼 능력과 시야가 있었기 때문이다.

화이트가 공을 가지면 반대쪽에서 상대 풀백과 일대일로 맞선 측면 선수에게 빠른 대각선 패스를 보낼 수 있다는 점은 비엘사에게 특히나 흥미로운 요소였다. 또한 그는 상대의 압박에서도 안정적으로 공을 지켜낼 수 있어, 이 덕분에 비엘사의 시스템에 완벽하게 녹아들 수 있었다.

화이트에게 특히나 흥미로웠던 점은 직접 공을 이끌고 올라가서 상대 수비 조직을 뚫을 수도 있다는 것이다. 시즌을 진행할수록 상대는 점점 더 뒤로 물러나 촘촘한 수비 블록을 유지해 리즈의 공격을 무력화하려고 했다.

화이트는 90분당 0.79회의 드리블 돌파와 1.21회의 프로그레시브 런(자기 진영에서 30m, 하프라인 너머 15m, 상대 진영에서 10m 이상 드리블 전진)을 기록했다. 이는 센터백 치고는 인상적인 기록이지만, 화이트처럼 공을 갖고 수비진 위로 올라가는 선수에게는 이상할 것도 없는 기록이다. 센터백이 이런 식으로 움직이자 상대 수비수도 화이트를 막으러 수비 조직을 깨고 나올 수밖에 없었고, 그렇게 상대 수비 조직에 균열이 생기는 순간 리즈는 빈 공간을 공략할 수 있었다.

이제 화이트의 플레이를 실제 예시로 살펴보겠다. 모든 그림은 리즈가 승격을 이뤄낸 2019/20 시즌의 경기에서 가져온 것으로, 앞서 다뤘던 전술 콘셉트를 선수들이 어떻게 수행하는지 잘 볼 수 있을 것이다.

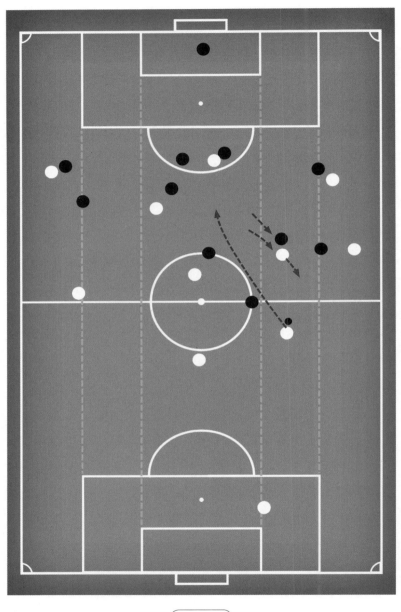

그림 44

그림 44에서 볼 수 있는 첫 번째 예시는 카디프 시티와의 경기 장면이다.

이는 로테이션 움직임으로 동료에게 기회를 만들어주고 상대를 압도하는 전형적인 예시인 동시에, 화이트가 공을 잡았을 때 어떻게 상대 수비 조직에 문제를 일으키는지를 볼 수 있는 사례다.

화이트는 하프라인 바로 아래에서 공을 잡고 있고, 상대 공격수는 즉각적인 압박을 가하지 않은 상황이다. 이런 상황에서는 일반적으로 수비수가 여유롭게 공을 다루다가 대각선 방향으로 측면 패스를 내주곤 한다.

그러나 화이트는 그보다 훨씬 좋은 판단을 내리는 선수다. 앞쪽의 미드필더가 하프 스페이스로 움직이면서 상대 수비 조직 사이에 길이 크게 뚫리자, 화이트는 그 기회를 놓치지 않고 자신 있게 전진했다. 화이트처럼 센터백이 공을 갖고 전진하게 되면 상대는 공을 막으러 움직여야 하기 때문에 혼란에 빠지고, 이로 인해 다른 곳에 공간이 생겨 리즈가 공략할 수 있게 된다.

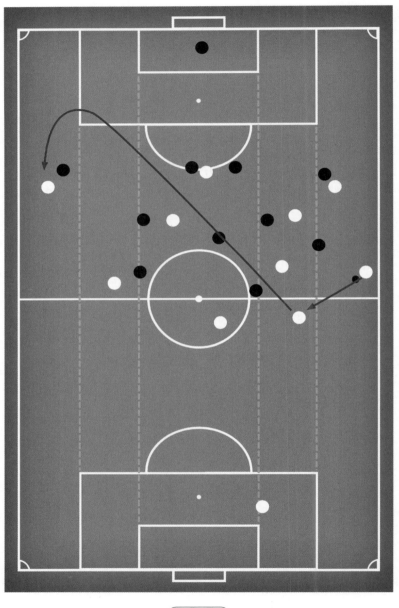

그림 45

화이트에게 전진 능력이 있다고 해서 직접 공을 가지고 올라가는 게 늘 최선의 선택인 것은 아니다. 그림 45를 보면 화이트가 공을 활용하는 다른 방식을 볼 수 있다. 이번에는 브리스톨 시티와의 경기 장면이다.

스로인 상황, 화이트는 라이트백인 아일링으로부터 공을 넘겨받았다. 여기서 주목할 것은 오른쪽 측면에서 리즈가 수적 우위를 점하고 있고, 화이트가 수직 패스나 전진을 통해 공을 전방으로 보낼 옵션이 존재한다는 점이다.

그러나 화이트는 이를 자신에게 주어진 유일한 옵션으로 생각하지 않았고, 몸을 틀어 반대쪽 측면으로 긴 대각선 패스를 보냈다. 이는 왼쪽 측면 공간에 있던 해리슨에게 전달됐고, 해리슨은 이 패스로 인해 상대 풀백과 일대일로 맞서게 됐다.

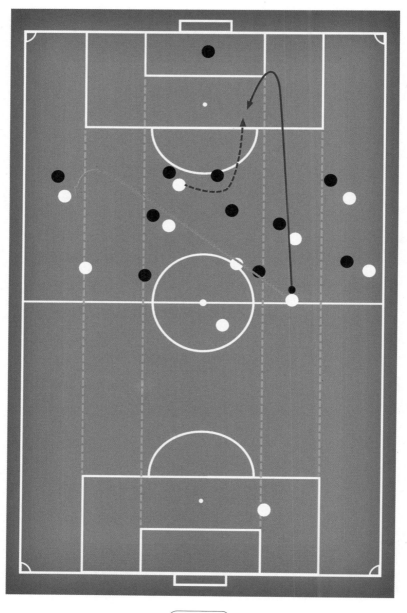

그림 46

화이트의 전진 능력과 넓은 패스 범위는 상대에게 위협을 주기 때문에, 그가 공을 잡으면 상대는 늘 방향 전환까지도 경계해야 한다.

그림 46은 화이트가 이를 이용해 반대로 상대를 속여 수직 패스를 보낸 장면이다. 밀월과의 경기에서 나온 장면인데, 이는 리즈의 수직 패스 콘셉트를 잘 보여주는 장면이기도 하다.

이번에도 화이트는 하프 스페이스 쪽에서 공을 잡고 있다. 앞에서 본 예시와 마찬가지로 왼쪽 측면의 해리슨에게 대각선 패스를 보낼 옵션 또한 존재한다. 심지어 화이트는 방향 전환 패스를 하려는 것처럼 몸의 각도를 틀기까지 했다.

그러나 그 순간, 뱀포드가 상대 수비진을 가로질러 뒷공간으로 파고 들었다. 이 움직임을 본 화이트는 뒷공간을 노린 패스를 넣었고, 곧바로 뱀포드에게 득점 기회가 만들어졌다.

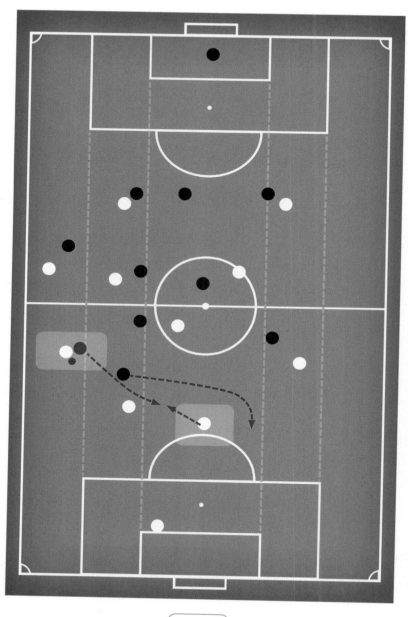

그림 47

화이트가 공격뿐만 아니라 수비 시에도 얼마나 인상적인지를 살펴보겠다. 수비 시에는 화이트가 리즈의 수비 라인에서 자유롭게 움직인다는 점은 이미 언급했다. 이는 화이트의 공중 경합 능력이 강하지 않기 때문이기도 하지만, 위치 선정과 경기 흐름을 읽는 능력이 굉장히 뛰어나기 때문이기도 하다.

그림 47은 QPR과의 경기 장면인데, 이는 화이트의 수비 본능을 완벽하게 보여준다. 레프트백 댈러스가 공을 빼앗기자 QPR이 곧바로 2대2로 쿠퍼, 화이트와 맞서게 됐다. 하지만 쿠퍼는 공을 가진 선수에게 달려들다가 넘어졌고, 화이트가 1대2로 상대를 막아야 하는 상황에 놓였다. 이때 화이트는 지능적으로 중앙 위치를 유지하다가 공을 잡은 상대의 터치가 살짝 길어지자 뛰어들어 깨끗하게 태클을 성공, 그대로 공을 몰고 공격으로 전환했다.

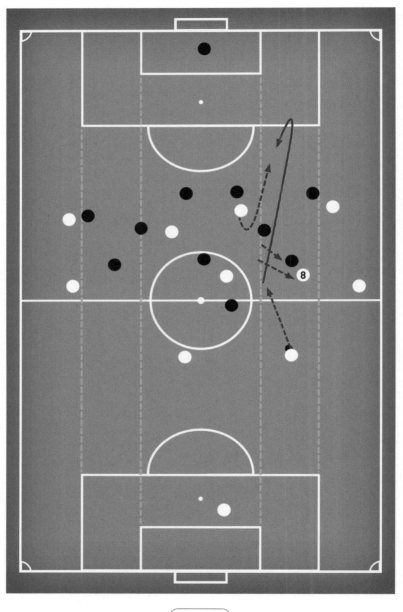

그림 48

화이트의 수비도 정말 중요하지만, 공을 깔끔하게 전진시키는 능력 또한 리즈가 치열한 경기에서도 높은 점유율을 기록하는데 있어 핵심적인 요소가 된다.

그림 48은 셰필드 웬즈데이와의 경기 도중 화이트가 공을 잡은 상황에서 앞쪽의 로테이션 움직임으로 전진할 기회가 생긴 상황이다.

공 바로 앞쪽의 8번 선수가 로테이션 움직임으로 원래 위치에서 벗어나자 공간이 생겨 화이트가 전진할 기회가 생겼다. 이 때문에 상대 수비는 화이트를 막기 위해 수비 조직에 변화를 줄 수밖에 없게 된다.

화이트가 전진하자 이번에는 뱀포드가 밑으로 내려오다가 돌아 뛰었고, 화이트는 상대 수비 조직 뒷공간으로 전진 패스를 넣는다.

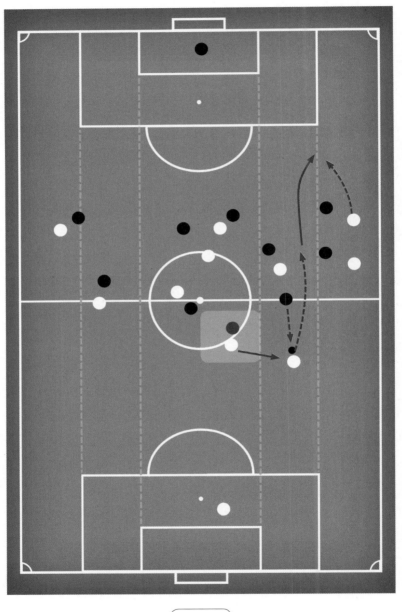

그림 49

화이트는 나이가 어린 선수임에도 리즈에서 보여주는 침착함은 정말 인상적이다. 어느 순간에도 당황하거나 서두르는 법이 없고, 공을 잡았을 때는 늘 지능적인 선택을 한다.

그림 49는 이러한 모습을 완벽하게 보여주는 프레스턴 노스 엔드와의 경기 장면이다.

상대가 빠른 역습을 노리고 길게 최전방을 향해 패스를 올린 상황. 쿠퍼가 공중 경합에서 승리한 뒤 화이트에게 공을 건넸다. 이때 화이트는 빠르게 압박하러 달려드는 상대를 앞에 두고 공을 컨트롤해야 하는 상황이다.

이런 경우 당황해서 공을 빼앗기는 수비수들이 많은데, 화이트는 공을 컨트롤한 뒤 안정적인 드리블로 달려드는 상대를 제쳤다. 그리고 상대 진영까지 전진한 뒤 상대 수비 라인을 뚫는 패스를 침투하는 코스타에게 연결했다.

Chapter 9
스튜어트 댈러스

비엘사 감독은 어떤 수준의 선수를 맡아도 기량을 발전시켰기 때문에 카리스마 있는 지도자라는 평가를 받아왔다. 비엘사가 엘런 로드에 처음 도착했을 때는, 리즈가 그를 위해 과거에 함께 일했던 선수들을 1군에 영입하리라는 전망이 지배적이었다. 이는 비엘사의 지도 방식에 익숙한 선수들이 필요하다는 이유였다.

물론 몇몇 영입이 이뤄지긴 했지만, 비엘사는 기존의 리즈 선수들과 함께 일하겠다는 의지를 보여줬다. 그 결과 많은 선수들의 기량이 발전했는데, 그 중에 가장 크게 발전한 선수는 아마도 댈러스일 것이다.

하지만 댈러스의 기량이 곧바로 나아진 것은 아니었다. 비엘사의 부임 첫 해인 2018/19 시즌 당시 댈러스는 꽤 중요한 역할을 수행했으나, 시즌 막바지 팀의 경기력이 하락하는 가운데 주전에서 서서히 밀려났다. 만약 댈러스가 그 시즌을 끝으로 리즈를 떠난다고 했어도 반대할 서포터는 거의 없었을 것이다.

　　그러나 시계를 2019/20 시즌 막바지로 돌려보면, 댈러스는 리즈에서 올해의 선수로 선정돼야 할 만큼의 임팩트를 보여줬다. 그의 활약에서 가장 흥미로웠던 점은 바로 다양한 포지션을 소화했다는 것인데, 이는 차후에 더 다루도록 하겠다.

　　댈러스는 1991년 4월 19일에 북아일랜드 코이에서 태어났다. 아일랜드 유망주들이 대개 어린 나이에 잉글랜드로 이적하는 반면에 댈러스는 그러지 않았다는 점도 흥미롭다. 대신에 댈러스는 고향 팀인 코이 유나이티드에서 단계별로 성장해 크루세이더스로 이적했다. 이때는 공격형 윙어로서 몸싸움과 가속도를 활용해 상대 수비를 따돌리곤 했다. 크루세이더스에서 2년간 85경기에 출전해 26골을 득점한 댈러스는 유로파리그 예선에서 풀럼을 상대하며 처음으로 유럽 무대의 맛을 보게 됐다.

　　이때 댈러스는 이미 북아일랜드 리그 최고의 선수 중 하나로 자리를 굳히고 있었으나, 여전히 프로 계약은 체결하지 않은 상태였다. 따라서 여러 잉글랜드 팀들이 그와 프로 계약을 체결하기 위해 눈독을 들인 것은 놀랄 일도 아니었다. 아일랜드와 북아일랜드는 여전히 잉글랜드, 심지어 스코틀랜드 팀들에 흥미로운 시장이다. 그러나 많은 유망주들이 1군에서 인상적인 활약을 펼치기 전에 잉글랜드로 떠나곤 한다. 댈러스는 당시 리그 원(3부 리그)에 있던 브렌트포드와 사전 합의를 하고 잉글랜드로 갔는데, 그때 나이는 21세였다.

　　당장 1군 출전 기회를 잡기 힘들었던 댈러스는 노스햄튼 타운으로 단기 임대를 떠났다. 그곳에서부터 그는 꾸준하게 성장하며 중요한 선수로 자리 잡았다. 특히 팀이 힘든 경기를 치를 때마다 뛰어난 기술과 직선적인 공격 움직임으로 돋보이는 활약을 펼쳤다.

댈러스는 브렌트포드에서 뛰면서 여러 역할을 소화하는 다재다능한 선수로 점차 명성을 쌓아갔다. 그때부터 어떤 상황에도 대처할 수 있는 공격적인 풀백이 됐다고 보는 것도 무리는 아니다. 댈러스가 결국 계약 연장을 거절하자 브렌트포드는 계약 만료를 기다리는 대신 이적 제의를 받고자 했고, 1백만 파운드 가량으로 알려진 리즈의 제안을 수락하게 된다. 2015년 8월, 댈러스는 리즈로의 이적을 감행했다. 2019/20 시즌 내내 가장 다재다능하고 중요한 선수 중 하나로 활약할 무대가 마련된 것이다.

2019/20 시즌 초반 주전 라이트백인 아일링이 부상을 당하자 댈러스가 그 공백을 메웠다. 댈러스는 4-1-4-1에서는 라이트백, 3-3-1-3에서는 라이트 윙백 자리에서 뛰었고, 비엘사가 선호하는 직선적인 패스에 맞는 전진 능력을 갖춘 핵심 선수 중 하나가 됐다.

아일링이 몸 상태를 회복했을 때는 중원에 부상 위기가 생겼고, 댈러스는 그 자리로 문제없이 이동해서 클리흐와 함께 8번으로 뛰었다. 그 다음에는 레프트백인 배리 더글라스(Barry James Douglas)와 에즈잔 알로이스키가 부진하자 그 자리로 이동했다. 댈러스는 포지션을 옮겨도 결코 팀을 실망시키는 법이 없었다. 원래 오른발잡이라 왼쪽에서 공을 받을 때는 자연스럽게 볼 터치가 더 필요했음에도 비엘사가 선호하는 공격 모델에 완벽하게 맞추는 모습이었다. 그러면서 공격 시에는 안쪽으로 움직여 미드필드를 지원하는 플레이도 발전시켰다.

공격적인 윙어에서 수비로 역할을 바꾼 선수이기 때문에, 댈러스는 리즈가 공격할 때 공을 전진시키는 핵심 역할을 맡을 수 있었다.

댈러스는 90분당 47.08회의 패스를 기록했는데, 이 중 19.22회가 전진 패스였고 측면이나 백패스로 공을 돌리는 일이 거의 없었다. 실제로 90분당 파이널 서드로 향하는 패스가 7.68회에 달했고, 프로그레시브 패스는 9.66회로 인상적이었다. 8번 역할로 중앙에서 뛸 때는 역할이 다소 달라 중앙의 높은 지역을 점유하며 상대 골문 가까이에서 공을 받는 데 더 집중해야 했음에도, 2019/20 시즌 내내 세 가지 역할을 소화하며 이러한 기록을 거의 일정하게 남긴 것이다. 양쪽 풀백으로 뛸 때는 측면에서 상대보다 수적 우위를 점하고 펼치는 연계 플레이가 인상적이었다. 또한 그는 공격의 시발점 역할도 편안하게 해내는 동시에 로테이션 움직임을 통해 전진해서 패스를 받기도 했다.

공이 반대쪽 측면에 있을 때 댈러스가 측면에서 안쪽으로 이동하는 경향을 보인 것은 흥미로운 일이다. 이는 그가 비엘사가 원하는 수적 우위와 고립이라는 콘셉트로 발전했기 때문이다. 댈러스가 중앙으로 움직여 줌으로 인해 6번 선수가 전진해 있는 8번 선수들에게 더 편안하게 공을 전달할 수 있었고, 동시에 상대 수비를 안쪽으로 끌어내서 윙어가 일대일 공격을 감행할 수 있는 기회도 더 많아졌다.

결과적으로 댈러스는 시즌 내내 4,232분을 소화하며 화이트에 이어 두 번째로 많은 출전 시간을 기록했고, 비엘사의 시스템에서 거의 모든 역할을 해낼 수 있는 선수로 떠올랐다. 또한 키 183cm에 강력한 몸싸움 능력을 수비 시에도 잘 활용하는 모습을 보여줬다. 90분당 공중 경합 2.25회에 승률은 40.57%에 불과했지만, 수비 경합만 보면 90분당 경합 7.36회에 승률이 57.51%에 달했다.

댈러스는 윙어 출신이기 때문에 자신이 상대하는 측면 선수가 어떤 움직임을 가져갈지를 이해하고 예측하는 능력이 있었다. 또한 그는 빠른 스피드 덕분에 여전히 윙어로 뛸 수도 있었지만, 이를 수비 포지션을 커버하는 데 효과적으로 활용해 상대가 빠른 역습을 감행하지 못하도록 했다. 리즈의 대인 방어 구조에서도 댈러스는 경기 흐름을 읽는 지능적인 플레이로 위치를 조정하며 상대가 공략할 공간을 차단했다. 상대와 일대일로 맞서 수비를 할 때도 안정적이었고, 동료들과 수비 블록을 구성할 때도 안정적이었다.

이제 2019/20 시즌 댈러스의 실제 활약상을 그림과 함께 살펴보겠다.

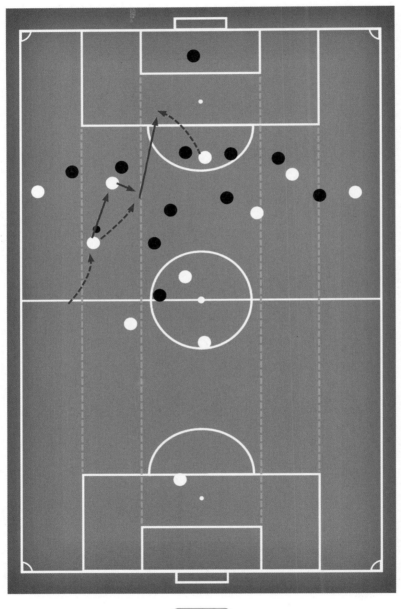

그림 50

댈러스는 매우 지능적인 선수라서 비엘사의 계획에 핵심적인 존재가 됐다. 공과 상대 선수만 보고 자신의 위치를 잡는 게 아니라, 동료들의 위치를 보고서도 자신의 위치를 잡는 능력이 매우 뛰어나다. 특히나 왼쪽 윙어인 해리슨은 리즈가 공격할 때 측면에 치우쳐 있는 경향이 있는데, 그러면 댈러스는 안쪽 하프 스페이스로 움직여 중원에서 공의 전진을 돕는다.

그림 50은 리즈가 스토크 시티를 상대할 때 댈러스가 하프 스페이스 지역에서 경기에 영향력을 발휘하는 장면이다.

댈러스가 자기 진영에서 공을 갖고 움직이기 시작한다. 즉각적인 상대의 압박이 없어서 하프 스페이스까지 전진하다가 앞쪽의 클리흐에게 패스를 연결한다. 댈러스는 계속해서 움직이며 조금 더 중앙 각도에서 클리흐로부터 리턴 패스를 받고, 곧바로 수직 패스를 대각선 방향의 최전방 공격수 뱀포드에게 주어 상대 수비진을 무너뜨린다.

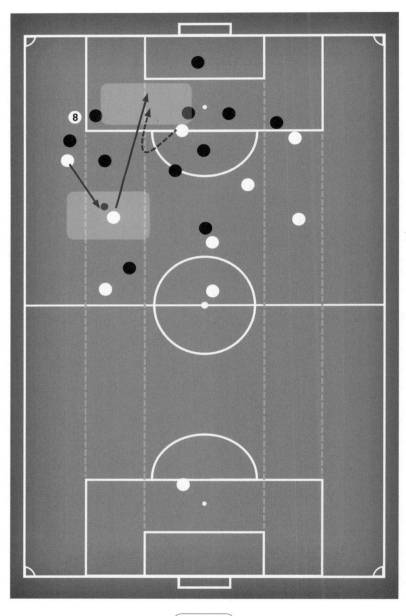

그림 51

이어서 고립과 수직성의 개념이 실제로 어떻게 펼쳐지는지 살펴보겠다. 이번에도 댈러스가 하프 스페이스에서의 위치 선정으로 경기에 관여하는 장면이다.

그림 51은 리즈와 루튼 타운의 경기 장면이다. 이번에는 댈러스가 이미 하프 스페이스에 자리를 잡고 있고, 리즈는 확실하게 공격 태세를 취한 상황이다. 여기서 중요한 것은 전방에서 8번 클리흐가 하프 스페이스에서 측면으로, 해리슨보다도 더 넓게 움직이는 것이다. 이 로테이션 움직임이 상대 수비수를 끌어내기 때문이다.

해리슨이 공을 잡고 패스줄 곳을 찾다가 하프 스페이스에 있는 댈러스에게 연결한다. 이때 클리흐의 움직임 덕분에 댈러스가 뱀포드에게 수직 패스를 보낼 수 있는 길이 열렸다. 뱀포드는 공을 향해서 내려오다가 상대 수비 뒷공간으로 돌아 뛰고, 댈러스는 그 움직임에 맞춰 뒷공간으로 수직 패스를 보낸다.

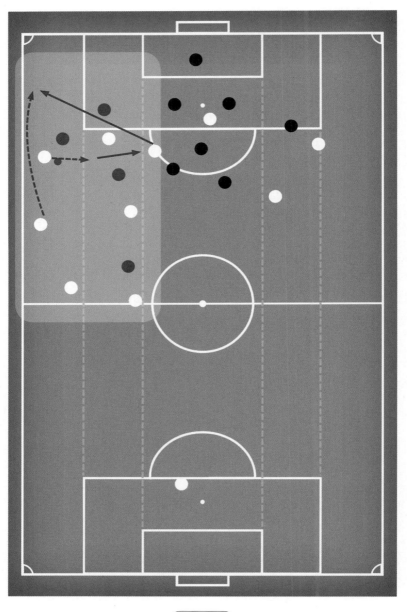

그림 52

댈러스의 지능적인 움직임은 리즈가 왼쪽 측면에서 빌드업을 할 때 가장 중요한 요소 중 하나다. 리즈가 주로 오른쪽 측면을 공략한다는 이야기를 앞서 다뤘지만, 왼쪽에서 공을 잡을 때도 물론 있기 마련이다.

그림 52는 리즈와 허더즈필드 타운의 경기 장면이다.

이번에는 왼쪽 측면에서 해리슨이 공을 잡고 있고, 댈러스는 공 아래쪽에 위치하고 있다. 해리슨이 공을 가지고 안쪽으로 돌파해 들어가자, 이 로테이션 움직임에 맞춰 댈러스는 앞으로 전진한다. 이는 해리슨이 수비수를 안쪽으로 끌어들인 덕분이다. 해리슨은 안쪽으로 들어가며 에르난데스에게 패스를 건네고, 에르난데스는 곧바로 댈러스가 전진하는 왼쪽 측면으로 패스를 보낸다.

이 장면에서도 안쪽이 아닌 바깥쪽으로 움직여야 한다는 것을 이해하고 전진하는 댈러스의 지능적인 플레이가 돋보인다.

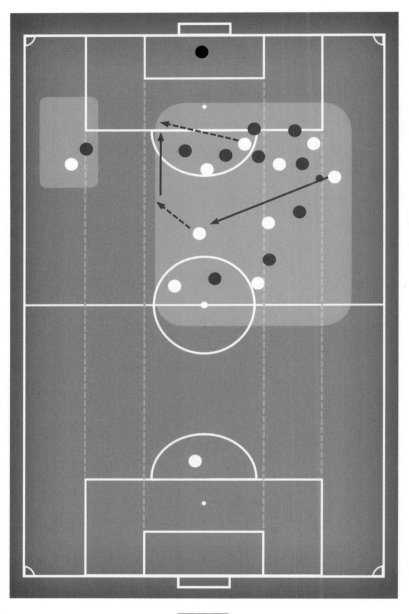

그림 53

공이 왼쪽에 있을 때 댈러스의 지능적인 플레이도 흥미로웠지만, 공이 오른쪽에 있을 때도 똑같은 모습을 볼 수 있다.

그림 53은 리즈와 브리스톨 시티의 경기 장면이다.

리즈가 오른쪽에서 공격을 전개할 때 한쪽 측면에서 수적 우위를 점하고 반대쪽에서는 고립을 활용하는 콘셉트를 볼 수 있다. 댈러스는 선수들이 몰려 있는 공간보다 약간 왼쪽의 중앙 지역에 자리하고 있다. 이 공간으로 패스가 오면 팀의 대형을 빠르게 재정비할 수 있게 된다.

보통 이런 상황에서 댈러스에게 예상되는 패스는 반대쪽에 고립된 선수를 향한 것이다. 하지만 댈러스는 그러한 패스를 하는 대신에, 공을 가지고 상대 진영을 향해 전진한다. 이 움직임으로 상대 수비 블록이 따라 전진하고, 뱀포드는 그에 맞춰 상대 센터백 두 명의 사각을 향해 수평 방향으로 움직인다. 바로 그때 댈러스는 뱀포드의 움직임에 맞춰 침투 패스를 넣어 페널티 지역 안에서 득점 기회를 만들어낸다.

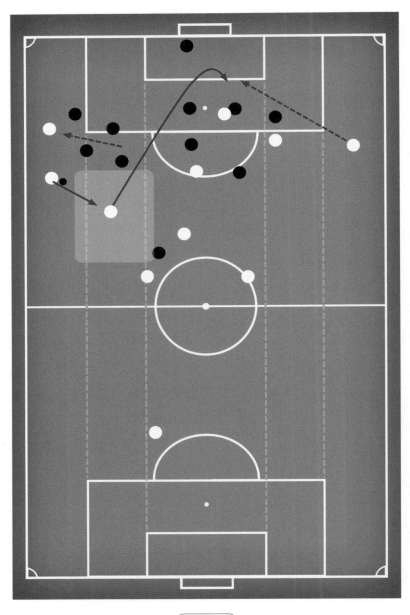

그림 54

이제 다시 댈러스가 하프 스페이스에서 공을 잡았을 때 어떤 위치로 움직이고 어떤 각도로 패스를 하는지 살펴보겠다.

그림 54는 리즈와 브렌트포드와의 경기 도중 댈러스의 넓은 패스 범위를 보여주는 장면이다.

이번에도 댈러스는 하프 스페이스에 자리하고 있고, 그 앞에는 클리흐가 로테이션 움직임을 통해 왼쪽 측면에 위치해 있다. 공을 가진 선수는 해리슨인데, 그는 별다른 압박을 받고 있지 않은 댈러스에게 백패스를 이어준다. 이때 댈러스는 페널티 지역을 향해 전진할 수도 있지만, 반대편 측면으로 빠르게 침투하는 아일링을 보고 완벽한 강도로 크로스를 연결해 곧바로 득점 기회를 만들어낸다.

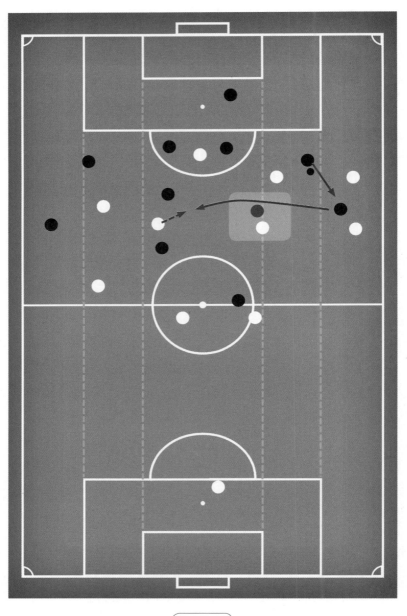

그림 55

댈러스는 공을 효과적으로 다루는 선수인 동시에 상대 지역에서 공을 되찾아오기 위해 열심히 뛰는 선수이기도 하다.

이러한 움직임은 리즈와 밀월의 경기를 다룬 그림 55에서 볼 수 있다.

상대 레프트백이 왼쪽 미드필더에게 간단한 패스를 연결하며 빌드업을 시작하려는 참이다. 패스를 받은 왼쪽 미드필더가 중앙을 향해 부정확한 패스를 시도하자 댈러스는 곧바로 달려들어 깔끔하게 공을 빼앗는다.

Chapter 10
칼빈 필립스

전세계 축구 팬들에게는 자신들이 응원하는 팀의 선수에 대해 거룩한 일이 존재한다. 그것은 유소년팀에서 성장한 선수가 1군에서 주전으로 뛰는 모습을 보는 것이다. 2019/20 시즌 리즈 팬들에게 그런 선수가 바로 필립스였다.

필립스는 몇 년 동안 챔피언십에서 활약하며 최고의 6번 중 한 명으로 확고하게 자리를 잡았다. 이에 많은 이들이 필립스를 잉글랜드 국가대표 성인팀에 발탁해야 한다고 목소리를 높이기 시작했고, 필립스는 결국 2020년 8월, 리즈가 프리미어리그에 승격하고 나서야 대표팀에 발탁됐다. 리즈 팀 내에서 필립스의 역할을 분석하기에 앞서 필립스가 어떻게 성장해왔는지 알아보자.

필립스는 리즈 유소년팀 출신일 뿐만 아니라 리즈에서 1995년 12월 2일에 태어난 선수다. 그는 2010년 15세의 나이로 리즈에 입단한 이후 지금까지 한 팀에만 몸담으며 단기 임대조차 떠나지 않았다.

필립스는 리즈 팬들과 똑같은 열정을 지닌 선수로, 이 덕분에 리즈는 2018/19 시즌 도중 여러 차례 그에 대한 거액의 이적 제의에도 침착하게 대응할 수 있었다. 제의를 해온 여러 구단 중 하나는 프리미어리그에 갓 승격한 애스턴 빌라였던 것으로 알려졌다.

필립스의 거취를 두고 여러 추측이 있었으나, 이적이 현실로 이뤄질 위험은 단 한 차례도 없었다. 필립스는 자신의 고향 팀인 리즈의 프리미어리그 승격을 돕는 데 헌신하고자 했고, 그에 더해 비엘사 감독 밑에서 배우며 성장하겠다는 도전 의식을 갖고 있었다.

필립스는 유망주 시절부터 상대 지역으로 침투해 날카로운 슈팅으로 골을 노리는 선수로 이름을 높였고, 이에 자연스럽게 8번, 박스 투 박스 미드필더 역할을 하리라는 기대를 받았다. 1군에 진입했을 때도 필립스가 인상적인 활약을 펼친 위치는 8번이었기에 비엘사 감독 부임 이후에도 같은 역할을 맡을 것으로 예상됐다. 그러나 이러한 예상은 비엘사와 선수단의 첫 미팅 이후로 사라졌다. 놀랍게도 비엘사는 선수들의 이름은 물론 각각의 장단점을 모두 파악하고 있었다. 계약 전부터 비엘사만큼 디테일하게 팀을 파악하는 감독은 아마 몇 없을 것이다. 그는 리즈를 프리미어리그로 되돌려놓기 위해 이미 선수단 전체 분석을 마친 상태였다.

선수단과의 첫 미팅에서 비엘사는 필립스에게 6번, 피보테 역할을 맡겨 자신의 전술에서 핵심으로 삼겠다고 통보했다. 필립스는 그 즉시 비엘사 감독의 복잡한 경기 모델을 구현하기 위한 지도를 받고 구체적인 훈련을 하기 시작했다. 새로운 역할에 요구되는 바를 배우겠다며 도전에 임한 것만 봐도 필립스의 성격을 알 수 있다. 새 감독이 원하는 임무와 포지션 변경을 쉽게 받아들이지 못하는 젊은 선수들도 많기 때문이다.

이를 본 비엘사 감독은 필립스를 확실히 신뢰할 수 있게 됐다. 비엘사가 이끄는 팀에서 전술적으로 가장 중요한 포지션 중 하나가 바로 6번인데, 필립스가 이러한 기대에 제대로 부응했다고 해도 과언이 아니다.

리즈가 공격할 때 6번은 늘 싱글 피보테 역할을 수행한다. 이는 4-1-4-1이나 3-3-1-3 포메이션 모두 마찬가지로, 6번은 경기장에서 팀의 중심을 잡는다. 이처럼 가운데에 6번과 9번을 두는 것이 리즈 시스템의 핵심이다. 다른 선수들이 로테이션으로 끊임없이 위치를 바꿔가며 위아래로 공격 라인을 넘나드는 가운데, 두 선수가 기준을 잡아주는 것이다. 6번이 늘 중앙 공간을 장악하고 있으면 리즈는 공격할 때 좀 더 여유롭게 빌드업 지점을 잡을 수가 있다.

6번은 비엘사의 경기 모델에서 정신적으로 가장 힘든 포지션 중 하나다. 자신의 역할뿐만 아니라 팀의 전술 구조에서 다른 모든 조각들이 어떻게 움직이고 협업해야 하는지를 이해해야 하기 때문이다. 그래야 상대가 수비에서 공격으로 전환하려 할 때 위험을 효과적으로 제거할 수 있다. 2019/20 시즌 리즈의 경기 장면을 보면 필립스가 나이보다 훨씬 노련한 플레이를 펼치는 모습이 눈에 띈다. 필요한 때에 필요한 위치에 자리하며 상대 공격이 위협적으로 발전하기 전에 막아낸다.

필립스의 활약상을 데이터로 파악하면 그 영향력이 더욱 분명하게 보인다. 당시 필립스는 리그에서 3,489분을 뛰면서 90분당 9.05회의 수비 경합을 펼쳐 65.2%의 승률을 기록했고, 공중 경합은 90분당 3.51회 펼쳐서 52.2%의 승률을 기록했다.

공중 경합 승률은 비엘사 감독이 필립스에게 특히 노력을 기울인 부분이라 더욱 흥미롭다. 또한 상대가 공격으로 전환할 때 가장 먼저 수비에 나서는 선수가 대부분 필립스인데, 그는 뛰어난 위치 선정 감각으로 상대의 플레이를 읽어내 공격을 막아냈다. 선제적으로 위험에 대응하는 미드필더 역할은 필립스에게 완벽하게 맞아떨어졌고, 그는 적극적인 수비를 펼치며 공을 잡은 상대 선수가 위험 지역으로 전진하기 전에 막아섰다.

하지만 필립스가 진정으로 진가를 발휘하는 것은 공격할 때다. 우선은 빌드업에 관여하는 지능적인 플레이가 눈에 띈다. 그는 공과 상대 조직을 기준으로 필요한 위치에 자리하며 수비 1선에서부터 빌드업을 할 수 있도록 해준다. 센터백이 상대의 압박을 받을 때는 아래로 내려가는데, 이때는 두 명의 센터백과 함께 3백을 형성해 인상적인 적응력을 보여준다. 특히 두드러지는 점은 필립스가 수직으로 내려가 두 명의 센터백 사이로만 이동하는 것이 아니라, 두 수비수의 왼쪽으로 내려가기도 한다는 것이다. 이 덕분에 레프트백이 전진하고, 리즈는 상대 압박을 피해 깨끗하게 공을 전진시킬 수 있게 된다.

공을 가진 필립스는 리즈의 전진을 담당하는 핵심 선수다. 90분당 48.13회의 패스를 시도해 84%의 성공률을 기록했는데, 이 기록만 보면 필립스의 중요성을 알 수 없다. 이 패스 중 전진 패스가 90분당 13.96회, 파이널 서드로 향한 패스는 7.53회에 달한다. 또한 필립스는 시즌 내내 90분당 7.82회의 프로그레시브 패스를 기록했다.

이제 우리는 비엘사가 선호하는 수직적인 플레이에서 미드필더의 중요성을 이해하기 시작했다. 지금부터 비엘사가 이끄는 리즈의 콘셉트와 원칙들을 필립스가 어떻게 수행하는지 실제 사례를 통해 알아보겠다.

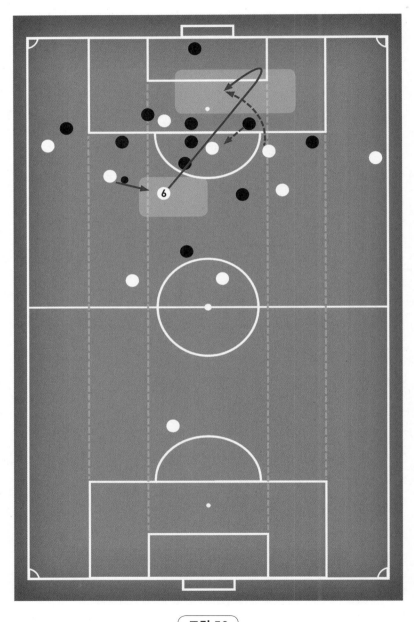

그림 56

172

가장 먼저 살펴봐야 할 것은 필립스가 공격 조직의 가장 밑에서부터 경기를 조율하는 방식이다. 그는 이 위치에서부터 수직 패스나 공격 방향에 변화를 주는 패스로 핵심적인 역할을 수행하며 동료들에게 득점 기회를 만들어 준다.

그림 56은 리즈와 카디프 시티의 경기 장면이다.

리즈가 공격을 거듭하며 상대 수비 블록을 깊은 위치로 물러서게 한 상황. 이런 상황에서 필립스는 여전히 6번 역할을 하면서도 더 전진한 덕분에 평소보다 훨씬 높은 위치에서 공을 잡을 수 있게 된다. 상대 골문으로부터 30야드 떨어진 지점에서 공을 잡자, 상대 수비는 곧바로 반응해서 공을 가진 필립스를 압박하러 나온다. 이로써 전방에 있는 리즈 선수가 자유로워지고, 필립스는 상대 압박에 침착하게 대응하면서 상대 수비 뒷공간 페널티 지역 안으로 파고드는 동료에게 드롭 패스를 보낸다.

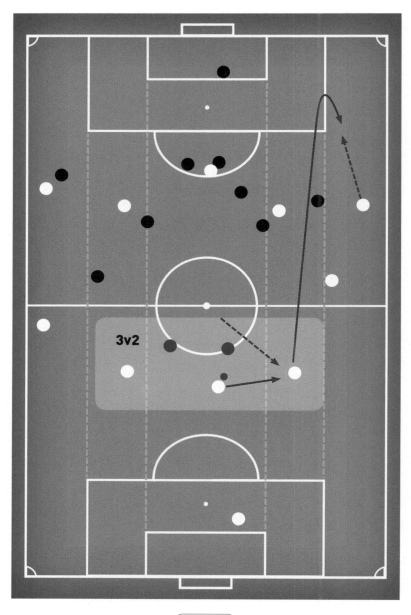

그림 57

앞서 우리는 리즈가 '+1' 원칙으로 수비진을 구성해 후방 빌드업을 한다는 이야기를 다뤘다. 만약 리즈가 4-1-4-1 포메이션일 때, 상대 팀에서 두 명의 선수가 압박을 해오면 필립스가 수비진으로 내려가서 3백을 구성하게 된다.

그림 57은 셰필즈 웬즈데이와의 경기 도중 이러한 장면을 보여주고 있다.

두 명의 웬즈데이 공격수가 리즈의 두 센터백을 압박해오는 상황. 공을 깨끗하게 전진시키기 위해서 필립스가 오른쪽으로 내려서 화이트, 쿠퍼와 함께 3백을 구성하는 모습을 볼 수 있다. 이러한 움직임으로 화이트가 필립스에게 측면 패스를 건네 탈압박을 할 수 있게 된다.

여기서 인상적인 것은 필립스가 상대 수비 뒷공간에 있는 동료에게 수직 패스를 안정적으로 보내는 모습이다.

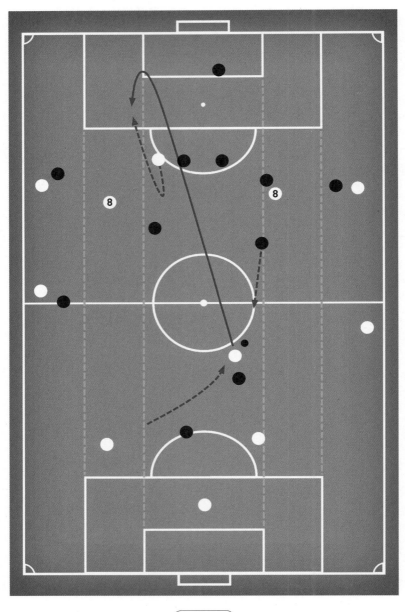

그림 58

필립스는 패스와 공 운반 능력이 뛰어날 뿐만 아니라 경기장 전역으로 공을 보낼 수 있는 넓은 패스 범위를 갖추고 있다. 이에 더해 공간을 찾아 공을 가지고 전진하는 능력도 보유했다.

그림 58은 이러한 능력을 보여주는 블랙번 로버스와의 경기 장면이다.

공수 간격이 벌어진 상황, 필립스는 리즈 진영 페널티 지역 근처에서 공을 잡았다. 리즈 8번들의 전진을 막기 위해 상대 미드필드 블록이 뒤로 물러서 있는 것을 본 필립스는 하프 라인까지 공을 몰고 올라가고, 상대는 그를 압박하기 위해 접근한다. 그러나 상대가 다가오는 순간 필립스는 또다시 침착하게 상대 수비 뒷공간으로 정확한 수직 패스를 보낸다.

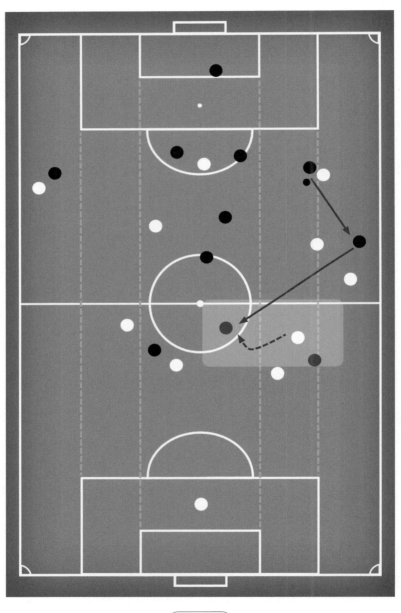

그림 59

필립스는 리즈의 공격 빌드업에서 핵심적인 역할을 수행하는 동시에 정확한 타이밍에 상대에게 압박을 가해 공을 되찾아오는 중요한 역할 또한 맡고 있다.

그림 59는 스완지 시티와의 경기 장면인데, 필립스가 경기 흐름을 읽고 파이널 서드로 진입하려는 상대에게 빠르게 접근해 공을 빼앗는 모습을 볼 수 있다.

상대가 자기 페널티 지역 근처에서 공을 빼앗은 뒤 곧바로 여러 번의 수직 패스를 빠르게 전개한 상황이다. 이 패스는 결국 필드 중앙에 자유롭게 있던 선수에게까지 이어졌고, 필립스는 여기에서 수비 위치를 조정해 공을 향해 압박을 가해야 하는 입장이다. 비록 패스가 상대 선수에게 도달하기 전에 막지는 못했으나, 압박을 통해 공을 되찾는 데는 성공했다.

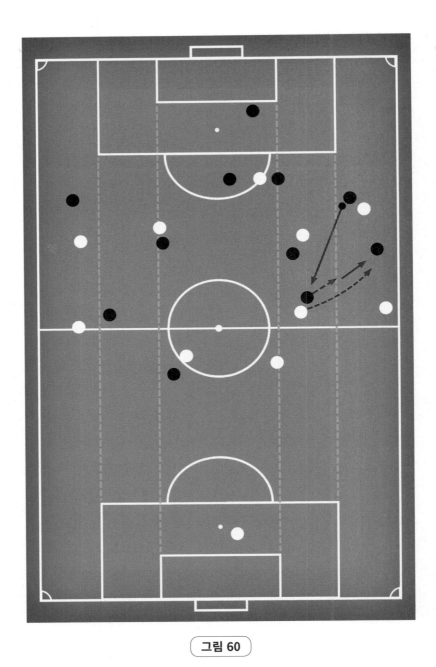

그림 60

필립스는 상대가 리즈 수비 뒷공간을 공략하려고 할 때 공 뒤쪽에서 수비하는 플레이도 매우 뛰어나다. 후방에서 압박을 가해 상대를 밀어내는 게 보통 필립스의 역할이다. 리즈의 전방 압박이 뚫릴 가능성은 언제나 존재하기 때문에, 상대가 선이 굵은 패스로 빠른 공격을 하려고 할 때 필립스의 이러한 수비는 매우 중요하다.

그림 60은 루튼 타운과의 경기 장면으로, 이러한 사례를 보여준다.

상대가 전진 패스를 하자 필립스는 패스를 받은 상대에게 빠르게 압박을 가해서 백패스를 유도한다. 상대는 백패스를 하여 탈압박을 시도하는데, 필립스는 그대로 전진해 백패스를 받은 상대를 계속해서 압박한다. 이런 적극적인 압박 덕분에 필립스는 공을 빼앗아 역습을 시작할 수 있게 된다.

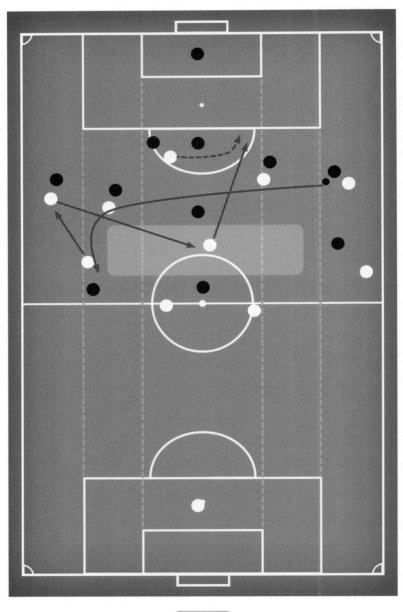

그림 61

필립스가 중앙 지역에서 공을 잡았을 때 경기를 어떻게 조율하는지를 보면, 그가 리즈의 시스템에 딱 맞는 선수라는 것을 알 수 있다.

그림 61은 QPR과의 경기 장면으로, 상대가 자기 진영에서 공을 가진 상황이다. 공을 잡은 상대 선수는 반대쪽 측면으로 긴 수직 패스를 보냈는데, 이것이 정확하지 않아 댈러스가 공중 경합에서 승리해 공을 빼앗은 뒤 왼쪽 측면의 해리슨에게 패스를 이어줬다. 이어서 패스는 중앙 쪽의 필립스에게 연결된다. 필립스는 패스를 받는 즉시 침착하게 자세를 열어 대각선 면 쪽을 향해 패스를 시도하는 듯 했지만 이는 속임 동작이었고, 페널티 지역으로 침투하는 스트라이커를 향해 완벽한 강도로 패스를 보냈다.

Chapter 11
마테우시 클리흐

리즈가 승격을 이뤄낸 2019/20 시즌 경기 모습에서 가장 인상적인 점은 비엘사 감독이 선호하는 방식의 플레이를 선수들이 완벽하게 수행한다는 것이다. 주전 센터백인 화이트와 쿠퍼는 공을 가졌을 때는 침착하고 수비 시에는 단호한 모습을 보이며, 풀백인 아일링과 댈러스는 경기장 어느 위치에서도 활약을 펼친다. 미드필드로 가면 필립스가 6번 자리에서 팔방미인 유망주로 활약하고, 에르난데스가 높은 수준의 플레이와 노련함으로 공격을 지휘한다.

그러나 리즈 선수단에서 클리흐만큼 비엘사의 축구 철학을 집약적으로 보여주는 선수는 없다. 클리흐는 현대 축구에서 말하는 멀티 플레이어로서 교과서적인 미드필더라고 할 수 있다. 필립스와 에르난데스가 팀의 두뇌라면, 클리흐는 팀의 호흡기다.

경기 도중 어느 시점에라도 클리흐는 수비 시에 공 주변에서 압박을 가하거나 패스 길을 차단할 준비를 하고 있다. 공격 시에는 지능적으로 공간을 찾아 들어간다. 그는 주로 하프 스페이스에 있지만, 측면으로까지 움직이며 상대 수비를 따돌리거나 밑으로 내려와 패스를 받을 준비를 한다.

클리흐는 기술적인 능력과 냉철함을 고루 갖추고 있어 상대 역습을 저지하고 수비 대형을 갖추기 위한 '고의적인' 반칙을 제때 하는 선수이기도 하다. 지금은 리즈의 확고한 주전 선수지만, 비엘사 부임 당시에 클리흐가 팀의 핵심이 되리라고 생각하는 건 섣부른 판단이었다. 실제로 그는 확고한 주전은커녕 1군 멤버로서의 자리를 확보하는 데도 어려움을 겪어야 했다. 그러나 클리흐는 축구 감각을 늦게 꽃피운 축에 속하는 선수였다.

클리흐는 경력 초기에 여러 차례 이적을 할 만큼 주목을 받기는 했으나, 한 팀에서 주전으로 뛸만한 확신을 주지는 못하는 선수였다. 두각을 나타낸 것은 고향인 크라코비아의 유소년팀에서 였다. 이후 활력 넘치는 스타일의 축구로 폴란드 무대에서 주목을 받았고, 2011년에 150만 파운드의 이적료로 VfL 볼프스부르크와 계약하며 독일 무대에 진출했다. 이는 크라코비아 구단 역사상 최고의 이적료였고, 볼프스부르크는 미래에 팀을 책임질 중요한 선수를 영입한 것으로 보였다.

그러나 클리흐는 1군에서 꾸준한 출전 기회를 얻지 못한 채 다시 이적해야 했다. 우선은 네덜란드의 PEC 즈볼레로의 임대였다. 그곳에서 그는 자신의 실력을 발휘하기 시작하며 완전 이적을 감행했다. 이 시점에 클리흐는 자신의 경기력을 안정시키며 폴란드보다 더 높은 수준의 무대에 적응해 경험을 쌓아가기 시작했다. 팀의 주요 일원으로서 유로파리그 진출을 이뤄냈고, 네덜란드 컵 결승에서 아약스를 꺾고 우승을 차지하기도 했다.

그런데 여기서 반전이 일어났다. 볼프스부르크가 이적 당시 재영입 조항을 포함시켰고, 2014년에 클리흐를 다시 독일 무대로 데려온 것이다.

후일 돌아보면 이는 좋지 못한 결정이었다. 볼프스부르크는 이미 케빈 더 브라위너(Kevin De Bruyne)를 꼭짓점으로 삼는 미드필드 구성을 마친 상태였기 때문이다. 클리흐는 또다시 팀에서 밀려났고, 네덜란드에서의 성공은 빠르게 잊혀져 갔다. 그는 또다시 이적을 해야 했고, 이번에는 한 단계 아래인 독일 2부 리그의 카이저슐라우테른으로 향했다. 클리흐는 주전으로 뛸 수는 있었으나, 한 시즌 만에 다시 이적을 반복하는 '저니맨' 생활을 이어가게 됐다. 그가 다시 찾은 곳은 네덜란드 무대, 이번에는 FC 트벤테였다. 트벤테에서 그는 1년간 14골에 직접 관여하며 다시 한 번 자신의 능력을 보여주는 데 성공했다.

이러한 활약이 리즈의 관심을 끌었고, 클리흐는 트벤테에서 뛴 지 한 시즌 만에 리즈로 이적했다. 이쯤 되면 그의 저니맨 생활이 끝났다고 생각할 수도 있겠지만, 아직 아니었다. 클리흐는 리즈 1군에서 두각을 나타내지 못한 채 6개월 만에 다시 잉글랜드를 떠난다. 당시 리즈 감독이었던 토마스 크리스티안센(Thomas Christiansen)은 그를 거의 신뢰하지 않았고, 클리흐는 다시 네덜란드의 FC 위트레흐트로 임대를 떠났다. 이때 그는 리즈의 선수 영입 책임자인 빅토르 오르타에게 이 임대가 리즈 생활의 끝이 아니며, 반드시 돌아올 자신이 있다고 장담했다고 한다. 그리고 이 발언은 정확했다. 6개월 뒤 리즈로 돌아온 클리흐는 비엘사라는 새로운 감독을 마주하게 됐다.

어느 보도를 봐도 비엘사는 처음엔 클리흐에 대한 확신이 없었다고 한다. 기술적인 능력과 신체 능력에는 만족했으나, 어느 포지션에 가장 어울릴지 확신이 없었던 것이다. 실제로 한 보도에서는 비엘사가 클리흐를 센터백으로 기용할 생각도 했다고 전했다. 공격적인 본성과 패스 능력 덕분에 센터백도 소화할 수 있었겠지만, 그랬다면 리즈의 미드필드에는 무언가가 부족했을 것이다. 결국 클리흐는 중앙 수비 대신 자유롭게 움직이는 두 명의 8번 중 한 자리를 차지했고, 2019/20 시즌 내내 잉글랜드 무대에서 가장 인상적인 활약을 펼친 선수 중 하나가 됐다.

183cm의 신장에 건장한 몸을 가진 클리흐는 특히 중앙 지역에서 수직 패스를 받으러 밑으로 내려갈 때 자신의 몸을 잘 활용한다. 경기장을 넓게 커버하고, 공간으로 영리하게 움직이며 공격에 도움을 주거나 수비 시에는 상대의 패스 줄기를 자른다.

리즈에서 클리흐의 활약은 무시무시했다. 거의 모든 공격 과정에 효과적으로 관여했는데, 리그에서 시즌 내내 4,035분을 소화하며 90분당 48.07회의 패스를 시도해 81.4%의 성공률을 기록했다. 클리흐는 패스 전개에 관여하는 전형적인 미드필더가 아니라 파이널 서드 지역의 공간에서 패스를 받는 미드필더이기 때문에 이러한 기록이 더욱 흥미로운 것이다. 그는 승격을 이뤄낸 2019/20 시즌에 여러 흥미로운 기록들을 더 남겼다. 경기당 1.65회의 슈팅, 2.7회의 크로스, 1.45회의 드리블 돌파 기록은 그가 리즈의 공격을 위해 어떤 플레이라도 할 수 있는 선수라는 것을 보여준다.

수비 시에도 클리흐의 역할은 똑같이 중요했다. 수비 경합 7.16회에 상대 진영 리커버리는 5.78회에 달했다. 수비 시 클리흐의 우선적인 임무는 좁은 공간에서 자신이 방어해야 할 선수를 대인 방어하는 것이지만, 그와 동시에 압박 타이밍이 생기면 가장 먼저 반응하기도 한다. 이때 그의 뛰어난 위치 선정 능력이 발휘된다. 클리흐는 자신이 막아야 하는 선수를 수비 범위 안에 둔 채로 압박을 위해 움직인다. 압박에 관여하면서도 자신이 대인 방어하는 상대에게 패스가 이어져 압박이 뚫리지 않도록 하는 것이다.

지금부터 2019/20 시즌 리즈에서 클리흐의 활약을 실제 사례와 함께 살살펴보겠다.

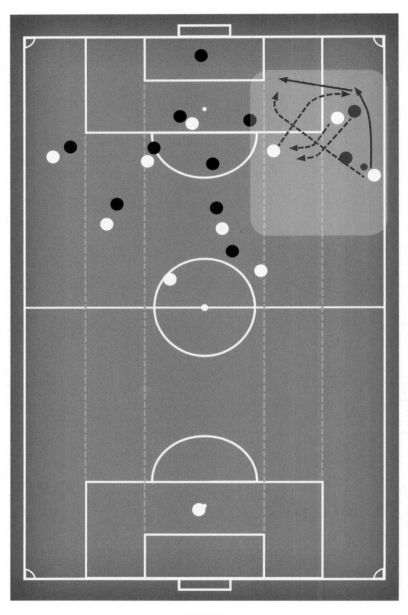

그림 62

리즈가 승격을 이뤄낸 2019/20 시즌 당시 클리흐에게서 가장 두드러지는 모습은 지능적인 움직임과 공격 시 공간을 찾기 위한 노력이다. 그는 지속적인 로테이션 움직임으로 자신의 위치에서 벗어나 상대 수비를 끌어내거나 동료들이 더 전진해서 공격할 기회를 만들어준다.

그림 62에서 이러한 사례를 볼 수 있는데, 이는 반슬리와의 경기 장면이다.

리즈는 오른쪽 측면에 집중해 반슬리의 까다로운 수비 블록을 통과하려 하고 있다. 아일링이 공을 잡고 있고, 코스타가 안쪽 방향으로 전진하며 첫 로테이션 움직임을 가져간다. 이로써 약간의 공간이 생기자 곧바로 클리흐가 전진하고, 이것이 상대 수비를 뚫는 열쇠가 되어 아일링이 공간으로 패스를 연결한다.

클리흐는 공을 지켜내며 아일링이 자신이 남겨둔 안쪽 공간으로 파고들 수 있게 하고, 그에게 다시 패스를 이어줄 각도를 찾아낸다.

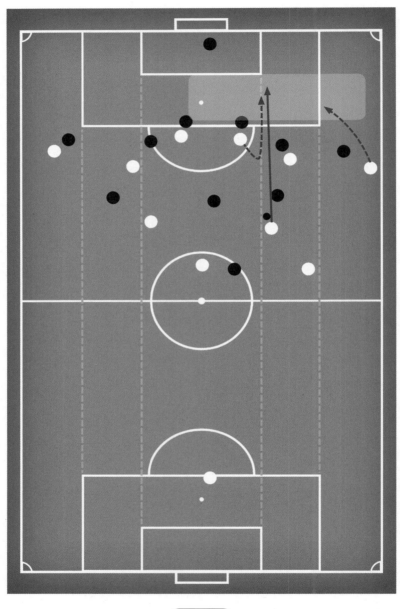

그림 63

클리흐는 가능한 한 일찌감치 높은 지역으로 올라가려는 경향을 분명하게 보인다. 높은 지점에서 수직 패스를 받아 동료 공격수와의 연계 플레이를 통해 상대 수비 블록을 무너뜨리려는 것이다. 또한 그는 이와 반대로 공의 전진을 도우려 밑으로 내려오기도 하는데, 이는 그의 성실한 활동량과 패스를 받을 공간을 찾기 위해 끊임없이 움직인다는 것을 보여준다.

그림 63에서 우리는 이러한 움직임을 볼 수 있다. 이번에도 반슬리와의 경기 장면인데, 반슬리는 적극적인 수비를 펼치며 리즈가 쉽게 골문에 접근할 수 없도록 막고 있다.

이때 클리흐가 미드필드 가장 아래로 내려가서 공을 잡고는, 오른쪽 측면에서 전진하는 코스타에게 패스를 보내려는 동작을 취한다. 하지만 이는 속임 동작이었고, 무게 중심을 바꿔 페널티 지역으로 침투하는 동료에게 수직 패스를 연결한다.

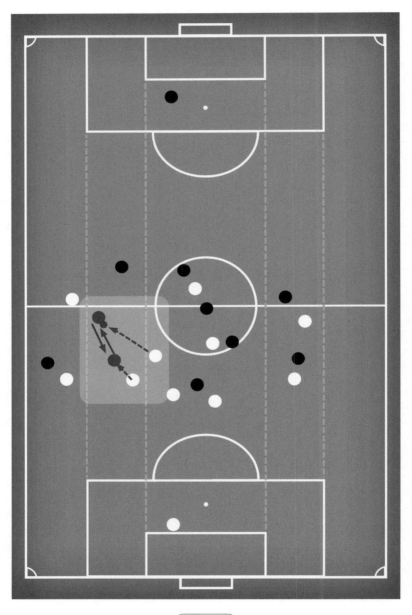

그림 64

클리흐의 왕성한 활동량은 수비 시에도 당연히 영향력을 발휘한다. 상대가 침투 패스를 넣지 못하도록 미드필더에서 폭넓은 지역을 성실하게 커버하기 때문이다. 이는 비엘사가 수비하는 선수에게 기대하는 바가 무엇인지를 이해하고, 거의 완벽하게 수행해내는 선수라는 것을 보여준다.

그림 64는 이러한 수비 움직임을 보여주는 것으로, 상대인 카디프 시티가 리즈 진영에서 수비를 뚫어내려 하고 있다.

공을 잡은 상대가 자신보다 조금 앞서 있는 동료에게 패스를 하려고 하지만, 그 동료는 후방에서 필립스의 적극적인 압박에 막혀 돌아서지 못하고 다시 백패스를 내주게 되는 상황이다. 바로 이 시점에 클리흐가 적극적으로 달려들어 백패스를 받은 상대를 재빠르게 압박하고, 공을 빼앗아 역습을 시작한다.

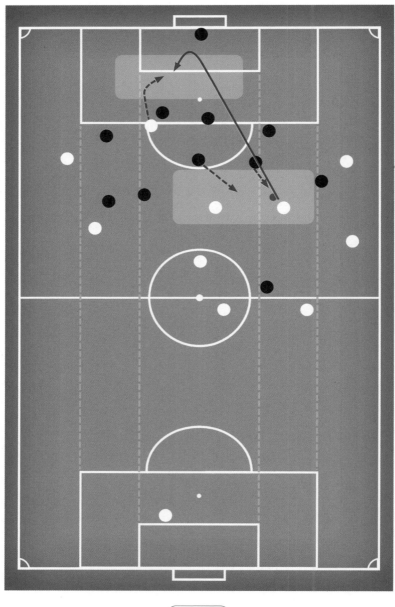

그림 65

클리흐가 비엘사에게 중요한 선수인 이유는 바로 그가 상대의 압박을 굉장히 잘 견디기 때문이다. 그는 경기장 어느 곳에서든 동료가 안전하게 패스를 줄 수 있는 옵션이 되고, 자신의 기술을 활용해 공을 컨트롤하며, 뛰어난 신체를 활용해 상대로부터 공을 지켜낸다. 게다가 그는 침착한 선수라서 상대가 정면에서 압박을 해오는 상황에서도 늘 일관되게 좋은 판단을 내린다.

그림 65는 헐 시티와의 경기 장면인데, 클리흐가 압박을 이겨내고 좋은 판단을 내리는 모습을 볼 수 있다.

클리흐는 오른쪽 하프 스페이스에서 공을 잡게 됐고, 앞에는 상대 수비 블록이 자리해 수직 패스 옵션이 없는 상황이다. 상대가 압박을 해오며 공을 빼앗으려 하자 클리흐는 침착하게 공을 찍어 차서 페널티 지역 뒷공간으로 완벽한 패스를 연결한다. 이 공간에는 공격수 뱀포드가 상대 수비의 사각을 활용해 침투하고 있었고, 결국 뱀포드가 몸을 날린 헤더로 상대 골키퍼를 넘기는 골을 터트렸다.

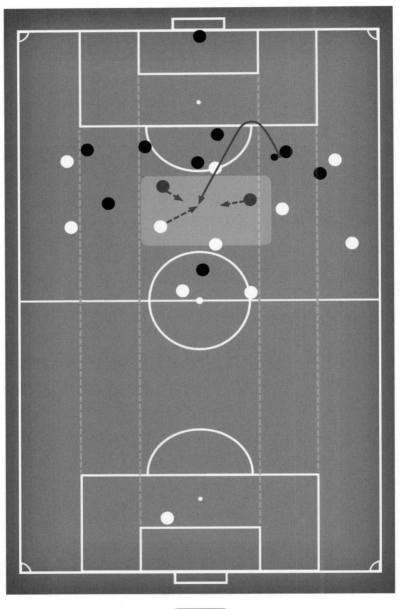

그림 66

이제 다시 클리흐가 적극적인 압박으로 공을 빼앗아 동료들에게 득점 기회를 만들어주는 부분으로 돌아오겠다. 그림 66은 레딩과의 경기 장면이다.

리즈가 긴 패스를 높게 차 올렸으나, 이것이 부정확해 레딩이 쉽게 헤딩으로 걷어낸 상황이다. 공이 중앙 지역으로 떨어지자 두 명의 레딩 선수들과 클리흐가 이를 잡으러 움직였고, 클리흐는 1대2의 수적 열세에도 경합에서 승리해 공을 되찾는다. 이후에 그는 이 위치에서 계속 전진해 페널티 지역 부근에서 슈팅까지 시도했다.

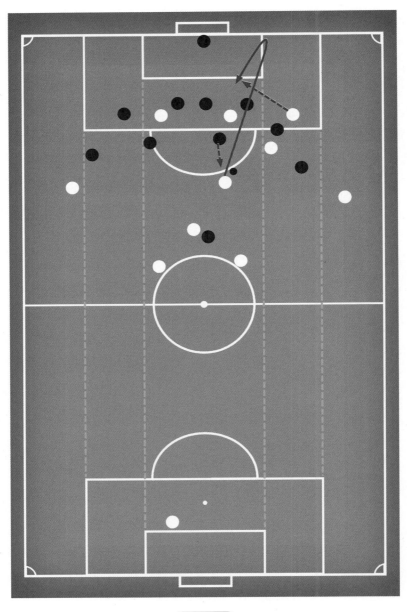

그림 67

클리흐가 상대의 압박에도 침착함을 유지하며 동료에게 득점 기회를 만들어주는 장면으로 이번 장을 마무리하겠다. 그림 67은 노팅엄 포레스트와의 경기 장면이다.

　이번에도 리즈가 공격 대형으로 완전히 자리를 잡고 있고, 포레스트의 수비 블록을 뒤로 깊게 밀어놓은 상황이다. 또다시 클리흐가 로테이션 움직임으로 페널티 지역 부근에서 패스를 받을 수 있게 됐다. 그런데 상대가 바로 압박에 나서 그를 밀어내려고 한다.

　이때 클리흐는 코스타가 페널티 지역 오른쪽에서 상대 수비 뒷공간으로 영리하게 침투하는 걸 기다렸다가 완벽한 타이밍에 패스를 이어준다.

Chapter 12
파블로 에르난데스

비엘사 감독의 특징은 전술적으로 완성도 높은 시스템을 구축하는 것이지만, 공격 시에는 다른 차원을 선사할 수 있는 창의적인 선수들을 위한 여지도 남겨둔다. 실제로 빌드업 초반에는 어떻게 공간을 장악하고 로테이션 움직임을 가져갈지에 대한 구체적인 지시가 있고, 수비 시에도 대인 방어와 '-1' 압박 콘셉트가 분명히 존재한다. 그러나 공이 파이널 서드 지역으로 진입하면 이야기는 달라진다.

리즈가 공격 지역을 장악할 수 있게 되면 비엘사는 기꺼이 선수들이 더 창의적인 플레이를 펼칠 수 있도록 한다. 로테이션 움직임과 측면 공간의 수적 우위 등 몇몇 구체적인 콘셉트는 여전히 남겨두긴 해도, 선수들의 패스나 페널티 지역 주위 움직임에서는 창의력을 발휘할 수 있게 하는 것이다. 이 위치에서는 가장 노련한 몇몇 선수들이 빛을 발하는데, 특히 에르난데스는 뛰어난 창의력으로 상대 수비 블록이 아무리 단단해도 무너뜨릴 수 있는 선수다. 그는 나이가 들면서 신체 능력이 변화함에 따라 역할을 바꿔가며 적응해온 미드필더로, 아주 흥미로운 선수 경력을 보유하고 있다.

파블로 에르난데스

비엘사가 2018/19 시즌을 앞두고 엘런 로드에 도착했을 때, 에르난데스는 오른쪽 미드필더를 맡고 있었다. 이는 그가 경력 내내 맡아온 역할이었지만, 시즌이 진행되면서 점차 하프 스페이스와 중앙 지역으로 움직이기 시작했다. 2019/20 시즌이 됐을 때도 그는 여전히 오른쪽 미드필더이긴 했지만, 그건 단지 포지션의 이름에 불과했다. 비엘사는 에르난데스를 점차 안쪽으로 이동시켜 결국에는 클리흐와 함께 8번으로 활용했다. 스페인 국가대표까지 경험한 노련한 선수가 감독과 팀의 요구에 맞춰 변화했다는 건 에르난데스가 어떤 선수인지를 그대로 보여준다.

에르난데스는 발렌시아 유소년팀 출신으로, 2005/06 시즌부터 1군 무대를 경험했다. 오른발잡이인 그는 발이 빠르고 기술이 좋은 윙어였는데, 당시만 해도 윙어는 주로 사용하는 발과 같은 쪽의 측면에 기용되는 게 일반적이었다. 만약 에르난데스가 오늘날 프로 무대에 데뷔했다면 왼쪽 측면에서 안쪽 하프 스페이스로 치고 들어오는 반대쪽 윙어 역할을 맡았을 가능성이 크다. 당시 에르난데스는 창의적이면서도 빠른 스피드로 상대 수비를 따돌린 뒤 페널티 지역 안까지 들어가거나 측면에서 크로스를 시도하는 선수였다. 발렌시아에서 높은 평가를 받았음에도 헤타페와의 트레이드를 통해 이적할 수밖에 없었는데, 헤타페에서 뛴 지 1년 만에 발렌시아가 다시 그를 재영입해 장기 계약을 체결했다.

이후에 에르난데스는 2012/13 시즌 초반까지 발렌시아에 남아 있다가 잉글랜드 프리미어 리그의 스완지 시티로 깜짝 이적을 하게 된다.

스완지에서의 생활은 대성공이었다. 높은 점유율을 유지하는 팀의 철학에 잘 맞았기 때문이다. 그는 스완지에서 총 57경기밖에 소화하지 않았지만, 이때의 활약 덕분에 결국 엘런 로드로 향해 비엘사와 함께하게 된다. 그

커넥션은 중요한 부분이기 때문에 후에 따로 다루도록 하겠다.

에르난데스가 스완지를 떠나기로 했을 때는 전성기가 지났다는 평가가 지배적이었다. 스피드를 활용해 수비를 제치던 선수가 공격에서 별다른 임팩트를 보여주지 못했기 때문이다. 기술은 여전히 뛰어났지만, 신체 능력이 떨어지는 것이 문제가 되기 시작했다.

이미 나이가 든 선수들은 중국, 미국, 서아시아 무대로 향해 은퇴 전에 편안한 생활을 추구하기도 했다. 에르난데스도 2014년에 카타르의 알-아라비 이적에 동의했고, 기량이 떨어지기 시작했음에도 상대적으로 쉽게 높은 연봉을 보장받을 수 있었다. 그러나 잉글랜드 축구와의 인연은 그것으로 끝이 아니었다.

2016년, 31세가 된 에르난데스에게 문자 메시지가 도착했다. 같은 스페인 출신의 전 스완지 코치인 펩 클로테트가 보낸 것이었다. 영입 제의는 아니었으나, 축구에 열정을 가진 이들끼리 보낼 법한 문자였다. 클로테트는 당시 게리 몽크(Garry Monk) 감독이 이끌던 리즈에 코치로 고용된 참이어서 명문 구단에서 일하게 된 기대감을 나타냈다. 그때 에르난데스가 자신을 필요로 해준다면 잉글랜드 무대로 기꺼이 돌아가고 싶다고 답장을 하자 클로테트 코치는 놀랄 수밖에 없었다. 그때부터 협상은 상당히 빠른 속도로 마무리됐고, 리즈는 굉장한 재능을 손에 넣을 수 있었다.

이 시점에 에르난데스는 자신의 다리가 아닌 두뇌를 사용해서 플레이하는 방법을 익혀 진화한 참이었다. 위치 선정은 언제나 지능적이어서 상대 수비 조직 틈 사이로 패스를 받을 공간을 잘 찾아냈다. 또한 그는 공을 잡으면 부드러운 터치로 어떤 형태의 압박에도 대응해 공을 지켜낼 줄 알았다. 한마디로 이는 비엘사의 특징적인 전술 철학에 있어 핵심적인 요소라고 할 수 있다. 실제로 비엘사는 에르난데스에 대해 전술 자체를 언급하는 대신 '경기를 부드럽게 풀어내는 역할'이라고 말한 바 있다. 이는 에르난데스가 파이널 서드 지역에서 리즈 공격의 템포를 조절하는 역할이라는 것을 뜻한다.

2019/20 시즌 내내 에르난데스는 2,685분만을 소화하면서도 리즈의 챔피언십 우승과 프리미어리그 승격에 핵심적인 역할을 해냈다. 시즌 내내 9골 11도움으로 20개의 공격포인트를 기록했고, 90분당 패스는 62.01회 시도해 76.7%의 성공률을 기록했다. 이 패스 중 22.26회가 전진 패스였고, 11.2회는 파이널 서드로 향한 것이었다. 에르난데스가 두 명의 8번 중 하나를 맡게 되면 밑으로 내려와서 6번이나 센터백으로부터 수직 패스를 받으려는 경향을 보인다. 중앙 지역에서 공을 잡아 다음 수직 패스 또는 프로그레시브 패스를 시도하기 때문이다. 시즌 내내 그의 경기당 프로그레시브 패스는 13.88회에 달했다.

에르난데스는 페널티 지역 주변에서도 존재감이 확실하다. 개인 기록으로 이를 분석해보면 경기당 슈팅 2.45회와 드리블 3.52회를 기록했고, 크로스는 2.75회, 박스 안으로의 패스는 5.58회, 키 패스는 1.11회에 달했다. 공격 기여도가 그야말로 최고 수준이었던 셈이다.

에르난데스의 활약은 차원이 달랐다고밖에 표현할 수 없다. 지금부터 실제 경기 장면들을 통해 에르난데스의 2019/20 시즌 활약을 살펴보겠다.

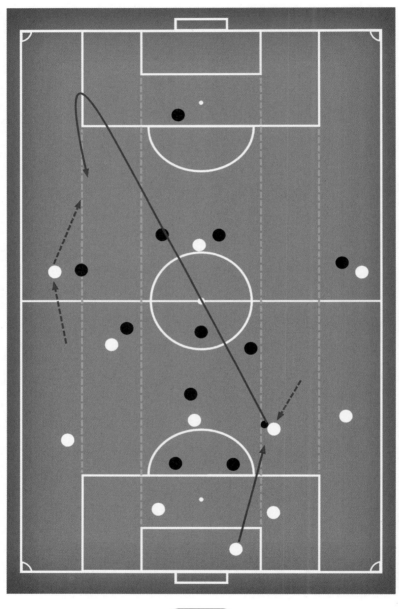

그림 68

우선은 에르난데스의 시야와 공격성에 대해 살펴보겠다. 그림 68은 리즈와 더비 카운티의 경기 장면이다.

두 팀 모두 확실하게 자리를 잡지 못한 상황에서 리즈가 골킥을 시도한다. 몇몇 선수들이 자기 자리를 찾아가는데, 에르난데스는 여유를 부리지 않고 빠르게 리즈 페널티 지역으로 내려와 골키퍼에게 패스를 요구한다. 골키퍼도 현명하게 수직 패스를 에르난데스에게 연결한다.

이 지점에서 우리는 에르난데스의 넓은 시야 능력을 볼 수 있다. 그는 패스를 받자마자 아웃사이드 킥으로 상대 수비 뒷공간을 향해 대각선 패스를 시도한다. 이 패스는 공간으로 달려드는 해리슨에게 도달하고, 에르난데스의 패스 한 번으로 리즈는 단숨에 득점 기회를 맞이하게 된다.

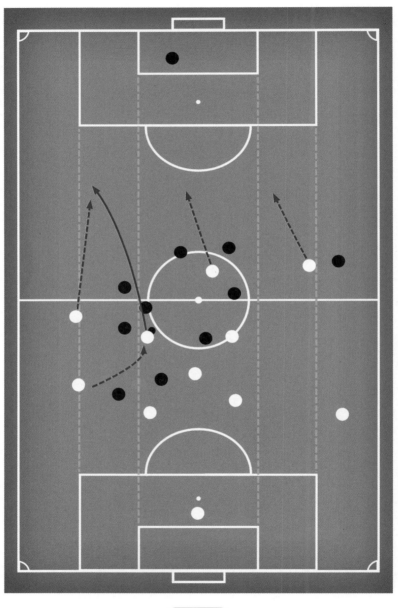

그림 69

다음 사례인 그림 69도 같은 경기에서 에르난데스가 낮은 지역에서 공을 잡은 뒤 플레이를 전진시키는 모습이다.

이번에는 에르난데스가 왼쪽에서 밑으로 내려와 패스를 받았다. 그는 곧바로 비엘사 감독이 원하는 대로 전진을 시도하는데, 상대의 태클을 피하다가 넘어질 듯하더니 균형을 잡는 데 성공한다. 이 지점에서 그는 자세를 열고 두 명의 선수가 수비 뒷공간으로 질주하고 있는 오른쪽 측면을 바라본다. 두 선수 중 한 명에게 쉽게 패스할 수도 있었겠지만, 에르난데스는 속임동작으로 상대 수비를 오른쪽으로 몰아놓은 뒤에 더 높은 지역으로 질주하고 있는 왼쪽 측면의 동료를 향해 패스를 내준다.

그는 이 플레이로 리즈의 수직성이 어떤 것인지를 보여줬다.

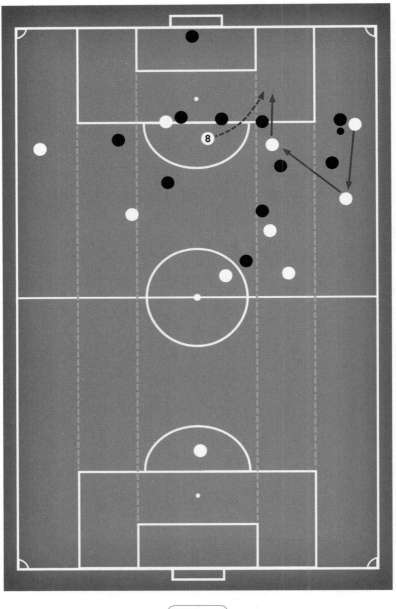

그림 70

에르난데스는 굉장히 지능적인 선수라서 언제나 패스를 받을 수 있는 공간에 있는 것처럼 보인다. 게다가 부드러운 볼 터치와 뛰어난 개인기를 보유하고 있어 상대가 막기도 굉장히 까다롭다. 특히나 파이널 서드 지역에서 그는 동료들을 활용하며 좁은 공간을 뚫고 들어가는 데 환상적인 능력을 발휘한다.

이러한 모습을 그림 70의 헐 시티와의 경기 장면에서 볼 수 있다.

에르난데스는 페널티 지역 부근의 하프 스페이스에 자리하고 있다. 코스타의 백패스가 아일링을 거쳐 대각선 방향으로 이어져 페널티 지역 부근의 에르난데스에게까지 전달됐다. 에르난데스는 공을 잡자마자 상대의 압박을 받지만, 또다른 8번인 클리흐가 달려와 연계 플레이를 노리며 수적 우위를 점하려 한다.

바로 다음 순간이 핵심이다. 에르난데스는 클리흐의 침투를 보지 못한 것처럼 속임 동작을 취한 뒤, 상대 수비의 사각으로 패스를 넣어 클리흐에게 공을 이어준다.

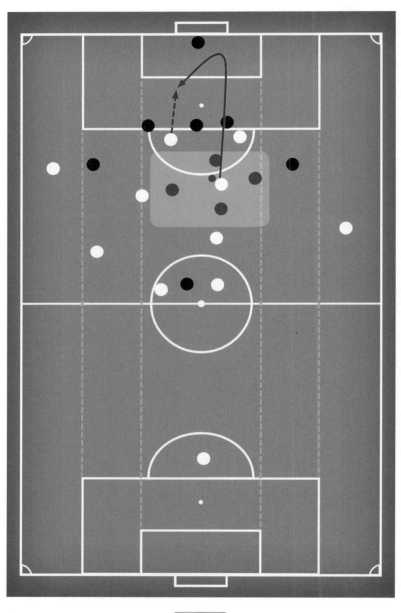

그림 71

에르난데스는 시즌 내내 패스를 받은 뒤 충분히 시간을 활용하는 모습을 보여줬다. 심지어 상대 선수들에게 둘러싸여 압박을 받는 상황에서도 그랬다. 플레이를 서두르는 법이 거의 없었고, 경기 속도를 늦춘 뒤에 매번 올바른 선택을 내리곤 했다. 플레이를 잠시 멈추는 듯한 이 능력은 다른 리즈 선수들의 쉴 새 없는 빠른 움직임과 대조적이어서 더욱 흥미로웠다.

이러한 예시를 그림 71에서 볼 수 있다. 리즈와 블랙번 로버스의 경기 장면이다.

에르난데스가 중앙에서 공을 잡고 있는데 공간은 있지만, 네 명의 상대 수비에게 둘러싸였다. 하지만 그는 압박이 들어오고 있는데도 기다릴 줄을 아는 선수다. 자신보다 앞서 있는 동료가 움직이길 기다리는 것이다. 시간을 단절시키는 듯한 이 능력은 그를 돋보이게 한다. 동료가 상대 수비 뒤 공간으로 파고들면 에르난데스는 완벽한 로빙 패스를 공간으로 차 넣어서 리즈의 득점 기회를 만들어낸다.

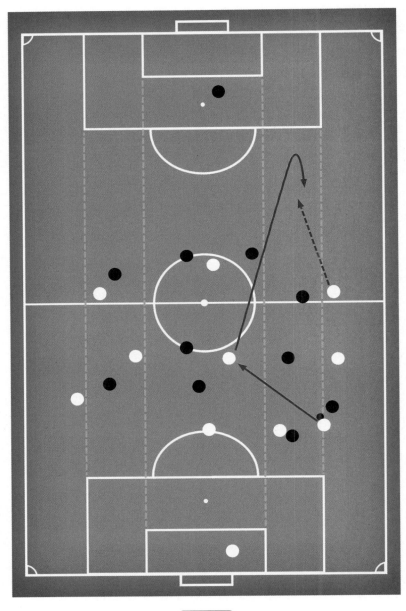

그림 **72**

개인적으로 가장 좋아하는 에르난데스의 플레이 중 하나는 어떤 순간에도 경기 속도를 늦추거나 빠르게 하여 템포를 조절하는 것이다. 속도를 늦춰 상대를 소강 상태로 끌어들이고는 다시 빠르게 템포를 높여 상대 수비 조직 사이의 공간을 공략한다.

그림 72에서 이러한 모습을 볼 수 있다. 리즈와 풀럼의 경기 장면이다.

이번에도 에르난데스는 밑으로 내려와 수비 지역에서 중원 지역으로 공을 전진시킬 옵션을 만들고 있다. 아일링이 막 공을 빼앗은 참이고, 빠르게 대각선 패스를 에르난데스에게 이어준다. 이때 에르난데스는 속도를 늦출 수도 빠르게 할 수도 있기 때문에 상대는 어떤 위협에 대응해야 할지 불확실한 상황에 놓인다.

에르난데스가 이 상황에서 아래로 내려와 공을 잡은 이유는 수직 패스로 상대 수비 라인을 무너뜨릴 옵션을 발견했기 때문이다. 그는 공을 제대로 잡지도 않고 곧바로 멀리 차서 측면 공격수가 받아 골문까지 질주할 수 있게 한다. 이 장면에서 수직성이 얼마나 중요한지를 다시 한 번 보여준다.

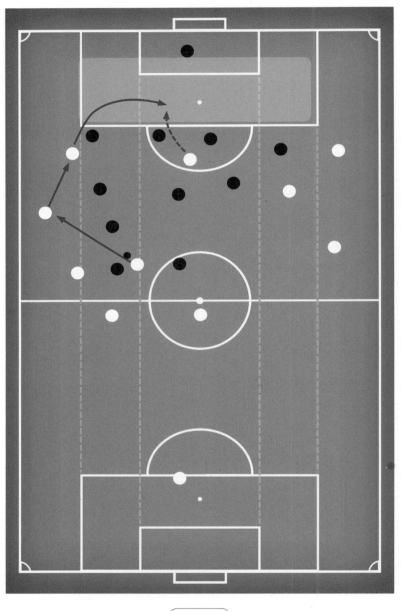

그림 73

마지막 예시는 같은 경기에서의 장면이다. 그림 73에서는 에르난데스의 위치 선정과 지공 상황에서의 로테이션 움직임이 얼마나 다재다능한지를 볼 수 있다.

이번에는 에르난데스가 페널티 지역 근처 왼쪽 측면에서 공을 잡았다. 패스가 필립스를 거쳐 해리슨에게 이어지는 동안 에르난데스는 왼쪽 측면으로 전진했고, 자신이 패스를 받는 순간에는 또다시 상대 수비들을 갈라놓는 데 성공했다.

이번에도 속임 동작이 중요하다. 에르난데스는 오른쪽 깊은 공간으로 길게 크로스를 올릴 듯하다가, 마지막 순간에 살짝 감아차는 동작으로 바꿔 페널티 지역 안으로 침투하는 공격수에게 패스를 이어준다.

Chapter 13
잭 해리슨

리즈는 2019/20 시즌 내내 깊게 물러서서 촘촘한 수비 블록을 형성하는 상대들을 많이 만났다. 이에 따라 공격수들이 폭 넓은 위치를 유지하는 게 핵심이었고, 이는 특히 왼쪽 측면에서 중요했다. 리즈가 오른쪽 측면 공략을 선호하는 건 분명했다. 오른쪽은 에르난데스, 코스타, 아일링이 역동적인 삼각 형태를 구성하고 있었기에 반대쪽에서도 균형이 필요했다.

리즈의 공격 균형을 유지해준 선수는 바로 리즈 소속조차 아닌 해리슨이었다. 맨체스터 시티에서 임대를 온 해리슨은 승격을 이뤄낸 2019/20 시즌이 리즈에서 보내는 두 번째 시즌이었고, 승격을 이뤄낸 뒤에도 3년째 리즈 임대 생활을 하고 있다. 해리슨의 경우가 특히 흥미로운 것은, 이러한 장기 임대가 비엘사 감독과 과르디올라 감독의 관계 덕분에 가능했기 때문이다. 두 감독은 서로를 깊이 존중하는 것으로 알려졌고, 과르디올라는 감독 생활을 시작하기 전에 아르헨티나로 가서 비엘사에게 배우며 함께 시간을 보내기도 했다. 따라서 해리슨의 지도를 비엘사에게 맡기는 데 대한 깊은 신뢰가 있었던 것이다. 이는 해리슨이 맨체스터 시티에서와 유사한 전술 시스템에서 성장하리라는 믿음이었다.

해리슨은 리즈에서 첫 시즌을 보낼 당시 어느 정도는 자만했는지도 모른다. 때로는 좋은 모습을 보였지만, 공을 잡았을 때 수동적일 때가 많았고, 상대 수비 블록을 향해 달려들려고도 하지 않았다. 또한 측면 또는 백패스로 공격 템포를 늦추거나, 상대 풀백을 공략하기도 전에 쉽게 공을 빼앗기기 일쑤였다.

2018/19 시즌 당시 리즈 팬들에게 왼쪽 측면 공격수로 누구를 선호하느냐고 물었다면 대다수가 잭 클라크(Jack Raymond Clarke)라고 답했을 것이다. 유망주인 클라크는 교체로 들어와 경기 흐름을 긍정적으로 바꾸며 발전하는 모습을 보이고 있었다. 유망주가 공격 마무리에서 들쑥날쑥한 모습을 보이는 건 드문 일이 아니지만, 해리슨으로서는 다음 단계로 성장하기 위해 반드시 발전이 필요한 부분이었다.

해리슨은 2019/20 시즌에도 리즈 임대에 합의하고 나서, 이 부분에 노력을 기울이고 있다는 것을 분명하게 보여줬다. 프리 시즌에도 상대를 제칠 수 있는 폭발적인 움직임을 가져가기 위한 운동에 열중했고, 지난 경기 장면을 보면서 자신의 장점과 단점에 대해 터놓고 대화하는 시간도 가졌다.

새 시즌이 시작되자 해리슨은 훨씬 날카로운 모습을 보였다. 여전히 마무리 패스가 거칠기는 했어도, 예전처럼 공을 잡았을 때 주저하지는 않았다. 이제 그는 측면에서 공을 잡았을 때 비엘사와 과르디올라의 전술 시스템에 맞는 선수의 모습을 보여줬다.

해리슨이 그토록 발전하고자 하는 의지가 강한 것은 그의 발자취를 이해하고 보면 놀랄 일도 아니다. 리즈에는 '저니맨'으로서 여러 팀을 전전한 선수들이 꽤 있지만, 해리스만큼 많은 팀을 거친 선수는 별로 없을 정도다.

해리슨은 어린 시절 맨체스터 유나이티드 유소년팀 선수였다. 맨체스터 유나이티드 코치들은 해리슨을 좋아하긴 했지만, 능력이 출중한 선수로 보지는 않았다. 이때 어머니 덕분에 그의 선수 경력은 큰 변화를 맞이했다. 보통은 부모가 잘못된 이유로 선수의 경력에 개입하는 경우가 많지만, 해리슨의 어머니는 코치들이 아들의 잠재력을 최대한 이끌어낼 준비가 돼 있다고 보지 않았다. 따라서 가족들이 대안을 찾기 시작했고, 미국 메사추세츠의 사립학교를 알아보기에 이른다. 덕분에 해리슨은 미국에 가서 고교 체육을 경험하며 성장했고, 개인상을 휩쓴 끝에 2016 메이저 리그 사커 슈퍼드래프트 당시 최연소 선수가 됐다. 그는 시카고 파이어에 1순위로 지명됐지만, 미국 스포츠에서 으레 그렇듯 곧바로 뉴욕 시티로 트레이드됐다. 그렇게 해리슨은 맨체스터 시티를 포함해 여러 구단을 소유하고 있는 시티 풋볼 그룹의 일원이 되면서 맨체스터 시티의 선수 개발 시스템에 들어갔다.

해리슨은 어린 나이에도 뉴욕 시티의 주전 자리를 꿰찼고, 선이 굵은 공격 스타일로 2년간 인상적인 활약을 펼쳤다. 미국 내에서 그에게 관심을 보이기 시작하는 팀들이 늘어나자, 맨체스터 시티가 영입 조항을 발동해 해리슨을 에티하드 스타디움으로 데려갔다. 자신이 떠났던 잉글랜드, 심지어 같은 도시인 맨체스터로 돌아오게 된 것이다.

해리슨이 미국 무대에서 아무리 인상적인 활약을 펼쳤다고 해도 잉글랜드 프로 축구의 템포와 수준에 적응할 필요는 있었다. 이 때문에 곧장 챔피언십의 미들즈브러로 임대됐지만, 후반기 내내 네 경기밖에 뛰지 못했다.

이어진 시즌에 해리슨은 리즈로 임대됐고, 그때부터 프리미어리그에도 적응할 수 있을 만한 잠재력을 보여주기 시작했다. 그리고 2019/20 시즌에는 진정한 발전을 이뤄내면서 챔피언십 수준의 팀에서 주전으로 올라섰다.

시즌 내내 해리슨은 4,050분을 소화하며 왼쪽 주전 윙어로 자리를 굳혔다. 경기당 드리블 돌파를 6.04회나 시도했으나, 성공률은 55.5% 정도였다. 상대 페널티 지역 볼 터치는 경기당 4.04회였는데, 이때부터 팀의 빌드업 방향의 반대쪽에 고립돼 있는 윙어로서의 모습을 보여준 셈이다. 해리슨은 6골 8도움으로 14개의 공격포인트를 기록하며 시즌을 마무리했고, 위치 선정 감각과 전술을 익히려는 의지로 비엘사 감독의 확신을 얻었다.

크로스는 90분당 4.6회를 시도해 성공률이 27.5%였는데, 이는 최고 수준의 기록이다. 페널티 지역 안으로의 패스는 4.78회로, 리즈가 페널티 지역 주변의 좁은 공간에서 연계 플레이를 펼치기에 나올 수 있었던 기록이다.

지금부터 해리슨이 리즈의 경기 모델에서 어떻게 활약했는지를 실제 사례를 통해 살펴보겠다.

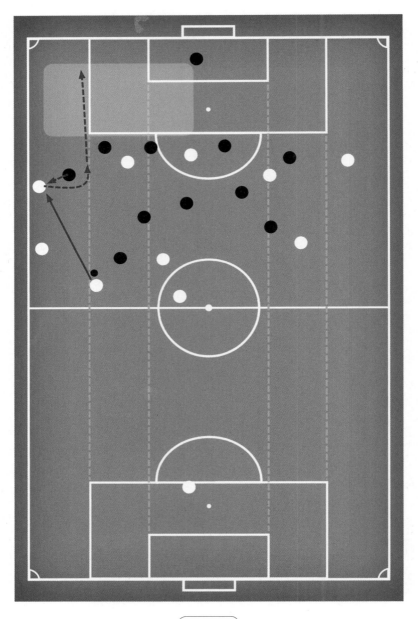

그림 74

해리슨이 가진 최고의 장점 중 하나는 공을 갖고 상대를 향해 달려드는 능력과 의지라고 할 수 있다. 가능할 때는 동료와 연계 플레이를 펼칠 기술도 갖추고 있지만, 측면에 홀로 고립돼 상대 수비와 맞설 때가 더 많다.

해리슨은 측면이나 하프 스페이스에서 공을 잡을 때마다 자신과 맞선 수비를 제치고 상대 골문을 향해 달려가는 선이 굵은 스타일이다.

그림 74에서 이러한 모습을 볼 수 있는데, 이는 리즈와 반슬리의 경기 장면이다.

쿠퍼가 왼쪽 센터백 포지션에서 공을 갖고 있다. 레프트백에게 안전하게 패스할 수 있는 선택지도 존재하지만 그는 수직 패스를 시도하고, 해리슨은 밑으로 내려와 이 패스를 받는다. 해리슨은 이 위치에서 공을 잡자마자 빠르게 상대 수비의 압박을 받는다.

하지만 그는 압박에 잘 대처하는 선수라서, 돌파를 시도하기 전에 상대 수비가 접촉을 해오도록 놓아둔다. 접촉이 이뤄지는 바로 그 순간, 해리슨은 빠르게 수비를 제치고 본능적으로 페널티 지역을 향해 달려간다. 그리고는 위험 지역으로 가서 중앙 지역에 있는 동료를 향해 크로스를 올린다.

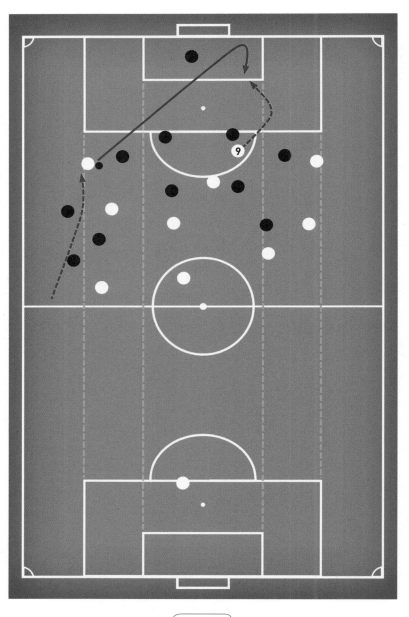

그림 75

해리슨은 높은 지역에서만 패스를 받고 플레이하는 선수가 아니다. 그는 수비 지역에서 공을 잡아 공격으로 전환하는 순간에도 상대 수비와 맞서 인상적인 모습을 보여준다.

그림 75에서 이러한 모습을 볼 수 있는데, 이는 리즈와 루튼 타운의 경기 장면이다.

해리슨은 자기 진영 깊은 곳에서 공을 잡은 뒤 전진해서 상대 수비 블록을 깨트리려 한다. 그는 빠르고 간결한 움직임으로 압박해오는 수비수들을 따돌리는 데 성공한다.

해리슨은 상대 페널티 지역까지 가서 반대쪽 골대를 향해 깊은 크로스를 올린다. 이때 9번 뱀포드가 반대쪽 골대를 향해 달려들어보지만, 공을 건드리는 데는 실패한다.

이러한 장면 때문에 크로스 성공률이 오해를 낳을 수 있는 것이다. 해리슨은 완벽한 지점으로 크로스를 올렸지만, 공격수가 공을 건드리는 데 실패하는 건 어쩔 수 없다. 기록상으로는 크로스를 올린 선수가 '감점'을 받는 셈이지만, 실제로는 성공으로 이어졌어야 하는 크로스다.

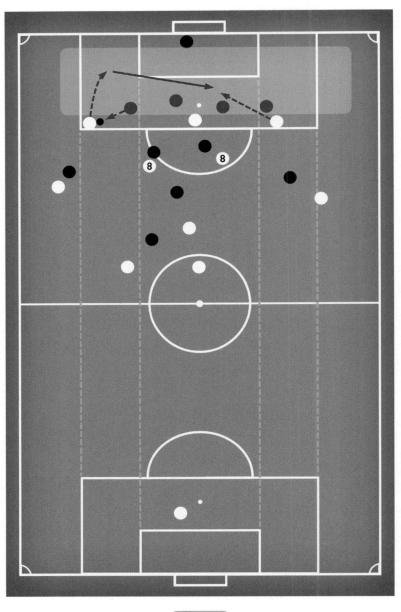

그림 76

해리슨은 긴 거리라도 공을 빠르게 운반할 수 있는 신체 능력을 가졌지만, 높은 지점의 좁은 공간에서도 안정적으로 공을 받을 수 있다. 둘 중 한 방면에만 뛰어난 측면 선수들도 있는데, 해리슨은 어떤 상황에서도 다재다능한 모습을 보인다.

그림 76은 리즈와 레딩의 경기 장면이다. 해리슨이 상대 페널티 지역 바로 안쪽에서 공을 잡는 모습인데, 수비에 대처할 시간이나 공간 모두 충분하지 않은 상황이다.

이 장면의 핵심은 리즈의 공간 활용이다. 상대 수비 간격이 좁지만, 페널티 지역의 측면에는 공간이 존재하고, 공 뒤쪽에서는 두 명의 8번이 올라와 파이널 서드 지역을 장악한다.

해리슨이 공을 잡자마자 상대 수비가 압박해온다. 측면 자원들은 이렇게 좁은 공간에서도 플레이를 해낼 수 있는 기술을 갖춰야 한다. 해리슨은 템포를 늦추고 상대 수비가 다가오기를 기다렸다가, 가까이 오자 빠르게 속도를 올려 바깥쪽으로 돌파한다. 그리고는 반대편 윙어가 슈팅할 수 있도록 침착하게 크로스를 올린다.

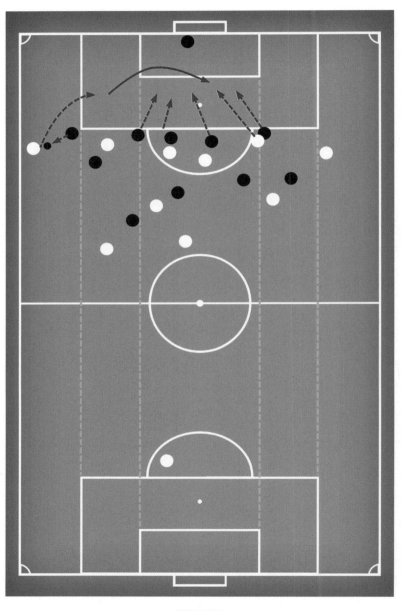

그림 77

상대 수비를 빠르고 간결하게 공략하는 해리슨의 능력은 리즈가 파이널 서드 지역을 공략하는데 있어 매우 중요하다. 늘 최대한 빠르게 상대를 공략하려 하기 때문에 나머지 수비가 커버를 빠르게 들어오지 못해, 위협에 대처하기가 어렵다.

그림 77에서도 해리슨은 왼쪽 측면에 고립돼 상대 수비와 맞선 채로 공을 잡았다. 이는 위건과의 경기 장면인데, 이번에도 해리슨은 페널티 지역 안으로 위협적인 크로스를 올린다.

이 장면에서 리즈는 공격 지역에 모두 자리를 잡은 상황이고, 상대 수비도 깊은 지역에서 좁은 간격을 유지하고 있다. 해리슨이 측면에서 패스를 받으면, 상대 수비는 페널티 지역 안으로 위협적인 크로스가 올라가지 못하도록 막기 위해 가까이 올 수밖에 없다.

이번에도 해리슨은 멈춰서서 템포를 늦추고 상대 수비가 다가오기를 기다렸다가 빠르게 템포를 올려 돌파한다. 이로써 상대 수비는 균형을 잃고 태클을 시도할 수 없게 된다.

해리슨이 페널티 지역 안으로 들어오자 상대 수비진이 뒷공간을 커버하기 시작하여, 직접 슈팅을 노릴 선택지는 없다. 여기서 우리는 해리슨의 침착함을 볼 수 있는데, 그는 컨트롤을 유지하며 정확한 강도의 크로스를 위험 지역으로 달려드는 공격수를 향해 연결한다.

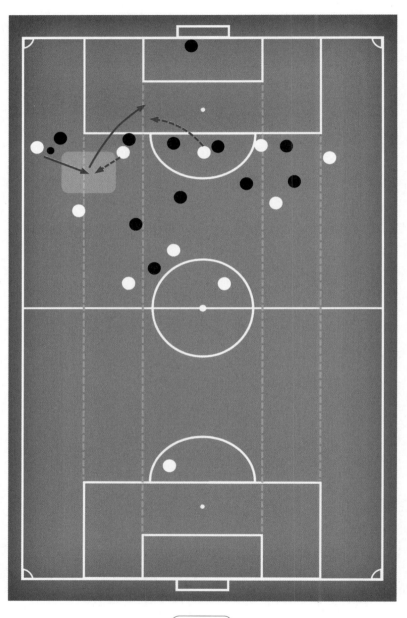

그림 78

해리슨은 뛰어난 기술적 역량으로 파이널 서드 지역에서 공을 받아 동료와 연계 플레이를 펼쳐 득점 기회가 자연스럽게 만들어지도록 한다.

그림 78에서 이러한 모습을 볼 수 있는데, 이는 리즈와 풀럼의 경기 장면이다. 해리슨은 하프 스페이스에서 공을 받아 바깥쪽에 있던 동료와 연계 플레이를 시도한다.

클리흐가 로테이션 움직임으로 측면 공간으로 이동하고 해리슨은 안쪽으로 들어왔다. 이는 왼쪽이 아니라 오른쪽 측면 공격에서 볼 수 있는 리즈의 전형적인 모습인데, 축구는 유동적인 경기라는 것을 유념해야 한다. 이때도 여전히 비엘사의 시스템답게 기본적인 구조와 수직성이 존재하는 것을 볼 수 있다.

클리흐가 공을 잡은 순간 상대 수비가 가까이에서 해리슨을 막고 있는 모습을 볼 수 있다. 그러자 해리슨은 하프 스페이스로 움직이며 패스를 받을 수 있을 만큼의 공간을 확보하고, 이로 인해 안쪽에서 공을 잡게 된다.

해리슨은 이 작은 움직임으로 좁은 공간에서 공을 받게 됨과 동시에, 뱀포드가 상대 수비 사각으로 움직여 페널티 지역 안으로 들어갈 기회를 만들어줬다. 이 순간에 또다시 해리슨의 기술적인 능력이 발휘된다. 좁은 공간에서 공을 잡아 탁월한 시야로 상대 수비를 뚫고 들어가는 뱀포드의 움직임에 맞춰 패스를 연결한 것이다.

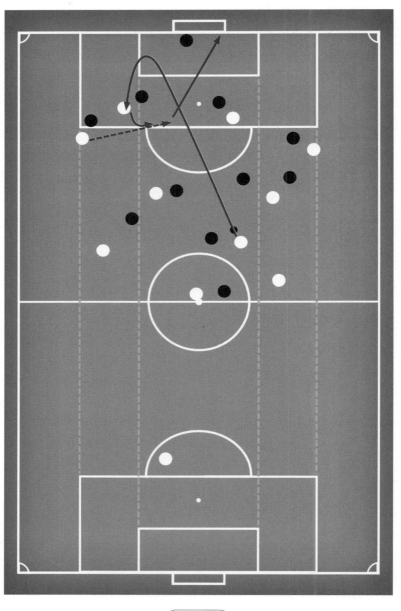

그림 79

2019/20 시즌 비엘사 감독의 시스템에서 측면 선수들의 역할은 넓은 폭을 유지하다가 필요에 따라 안쪽으로 이동해 페널티 지역의 공격을 지원하는 것이었다.

그림 79는 해리슨이 안쪽으로 움직여 연계 플레이를 펼친 끝에 블랙번 로버스를 상대로 중요한 골을 터트리는 장면이다.

공격의 시발점인 필립스가 공을 잡고 있는 상황, 뱀포드가 반대편에서 상대 수비로부터 우위를 점하고 자리를 잡자 빠르게 페널티 지역 안으로 패스가 이어진다. 뱀포드는 공중 경합에서 승리하며 공을 아래로 떨궈놓는다.

이때 해리슨이 뱀포드를 지원하기 위해 페널티 지역 왼쪽에서부터 움직여 뱀포드가 떨궈놓은 공을 잡는다. 상대 수비가 따라오지만, 해리슨은 계속 안쪽으로 공을 몰고 들어가 반대쪽 골대 구석을 찌르는 낮은 슈팅으로 골을 터트린다.

Chapter 14
패트릭 뱀포드

오늘날 축구계의 언론들은 늘 이적에 대한 추측 기사를 쓴다. 이적 시장이 열려 있든 닫혀 있든, 매일 같이 어떤 구단이 어떤 포지션에 어떤 선수를 영입할 수 있을지에 대한 이야기가 쏟아져 나온다. 리즈 정도로 큰 규모의 팬층을 가진 구단도 당연히 이적 시장에서 많은 관심을 받곤 한다.

비엘사 감독 재임 기간에 유독 많은 영입설을 낳은 포지션이 있었는데, 그것은 바로 9번 포지션이었다. 이는 그 포지션의 중요성 때문에도 어쩔 수 없는 일이었다. 2018/19 시즌부터 2019/20 시즌까지 그 자리는 대체로 뱀포드의 차지였는데, 이에 불만을 가진 서포터들이 많았다. 하지만 이 책은 리즈가 프리미어리그 승격을 이뤄낸 시점인 2020/21 시즌에 집필되고 있기에 우리는 이미 결말을 알고 있다. 현재 뱀포드는 더 높은 수준에도 순조롭게 적응해서 챔피언십에서보다 더욱 뛰어난 결정력을 선보이고 있다.

이는 리즈 유명 블로그 <All Stats Aren't We>의 필자인 조쉬 홉스도 이미 예견했던 일이라는 것을 언급하고 싶다.

조쉬는 뱀포드의 플레이 스타일이 챔피언십보다 프리미어리그에 더 어울릴 것이라고 주장한 바 있다. 챔피언십에서는 리즈와 맞서는 상대들이 깊게 내려서서 촘촘한 수비를 펼치기 때문에, 리즈는 측면에서부터 페널티 지역으로 패스를 공급해야 하는 경우가 많기 때문이다. 반면에 프리미어리그에서는 상대도 공격에 나설 것이기 때문에 리즈도 더 넓은 공간을 공략할 수 있으리라는 예상이었다. 그렇게 되면 9번 포지션 선수가 상대적으로 느슨한 수비를 공략하며 더 많은 득점 기회를 잡을 수 있게 되고, 자연스레 득점 전환율(득점/슈팅 비율)도 올라갈 수밖에 없다.

실제로 뱀포드에 대한 팬들의 불만은 낮은 득점 전환율이었다. 리즈는 경기의 주도권을 잡고 계속해서 득점 기회를 만드는 팀인데, 뱀포드가 이 기회들을 많이 놓치면서 형편없는 선수로 비춰진 것이다. 그러나 뒷부분에서 다루겠지만, 뱀포드의 전체적인 경기력은 여전히 뛰어났기에 리즈의 주전 공격수 자리를 차지하기에는 충분했다.

뱀포드의 키는 185cm로 등록되어 있고, 신체적으로 강한 선수다. 왼발잡이라서 오른쪽에서 뛰며 동료들과 연계 플레이하는 걸 선호하고, 오른쪽 측면에서 리즈가 수적 우위를 점하는 데도 도움을 준다.

뱀포드가 흥미로운 선수인 이유 중 하나는, 선수 경력 자체가 최고 수준에서 성공할 수밖에 없는 길을 걸어왔기 때문이다. 그는 노팅엄 포레스트 유소년팀을 거쳐 2011/12 시즌에 프로 무대에 데뷔했는데, 두 경기만을 소화한 뒤에 150만 파운드의 이적료로 첼시로 떠나게 된다.

이때부터 뱀포드는 전형적인 첼시 유망주의 길을 걷게 된다. 23세 이하 경기에서 인상적인 활약을 펼치고 임대를 통해 경험을 쌓지만, 첼시 1군 진입과는 늘 거리가 있는 것이다. 결국에는 첼시 유니폼을 입고 한 경기도 뛰지 못한 채 5년의 시간을 보냈다. 그러나 뱀포드는 임대 시절 골을 터트리는 능력을 이미 분명하게 보여줬다.

2012/13 시즌 MK 돈스로 임대된 뱀포드는 시즌 내내 37경기에 출전해 18골을 터트렸다. 그 다음 시즌에는 한 단계 수준을 올려 챔피언십의 더비 카운티로 임대됐는데, 다시 한 번 인상적인 활약을 펼치며 21경기에 출전해 8골을 득점했다.

그 다음 시즌은 뱀포드의 마지막 임대 생활이 됐다. 그는 미들즈브러와 6개월 임대 계약을 체결한 이후 인상적인 활약으로 시즌 끝까지 임대를 연장하게 된다. 뱀포드는 미들즈브러에서 38경기에 나서 17골을 터트리는 뛰어난 활약을 펼쳤다.

이 시점에 뱀포드는 뛰어난 득점력을 보여주는 잉글랜드 공격수로서 첼시에서 여전히 중요한 자원으로 평가 받았다. 그러나 그 다음에 이어진 일들이 그의 명성에 큰 영향을 끼치고 말았다. 세 시즌간 크리스탈 팰리스, 노리치, 번리 임대를 거치며 19경기에만 출전해 단 한 골도 넣지 못한 것이다. 이 시기에 뱀포드는 부상으로 어려움을 겪긴 했지만, 첼시는 그의 경기력에 우려를 갖게 되면서 손절을 하기로 결정한다.

하지만 다행히도 임대 생활 중 좋은 기억이 있었던 미들즈브러가 2017년 1월 이적 시장을 통해 뱀포드를 영입했고, 이적료는 550만 파운드 가량으로 알려졌다. 뱀포드는 후반기 대부분의 경기에 출전해 9번과 윙어 역할을 소화하며 경기력을 회복했고, 다시 골도 터지기 시작했다.

하지만 놀랍게도 그로부터 1년 반 만에 뱀포드는 또다시 이적을 감행한다. 2018/19 시즌을 앞두고 리즈와 4년 계약을 체결한 것이다.

뱀포드의 영입은 빅토르 오르타가 리즈의 영입 책임자로 부임한 덕분이라는 이야기가 많았다. 미들즈브러에서 같은 직책을 맡았을 때부터 뱀포드를 극도로 높게 평가했기 때문이다.

2019/20 시즌을 보면 리즈는 여전히 뱀포드를 주전 9번으로 100% 확신하지 못한 게 분명했다. 공이 없는 상황에서의 움직임이 활발해서 비엘사 감독이 그를 선호했음에도 말이다. 그래서 리즈는 아스널로부터 유망주 공격수 은케티아를 임대로 데려와 뱀포드와 치열한 주전 경쟁을 유도했다. 이때 뱀포드가 은케티아의 백업으로 밀려나리라는 예상이 많았지만, 비엘사는 특유의 의리를 지키며 뱀포드에 대한 믿음을 유지했다.

2019/20 챔피언십에서 뱀포드는 3,675분을 소화했고, 16골을 득점하는 준수한 결과를 남겼다. 그러나 그의 기대 득점은 24.28골이었기에 기대보다 8.28골을 덜 넣은 것이다. 이 기록만으로 심도 깊은 분석을 할 수는 없겠지만, 이는 더 자세히 살펴볼 필요가 있는 기록이다.

뱀포드는 90분당 3.21회의 슈팅을 시도했고, 상대 페널티 지역 안에서 5.14회의 터치를 기록했다. 그는 리즈가 공격할 때 매우 활발하게 움직였지만, 이는 기록만으로 측정할 수 없는 부분이다.

뱀포드는 전방 압박도 굉장히 잘해내며 상대의 패스 길을 차단했고, 밑으로 내려와 상대 압박을 등지고 패스를 받으면서 빌드업에도 중요한 역할을 담당했다. 지금부터 뱀포드의 활약을 실제 사례를 통해 살펴보겠다.

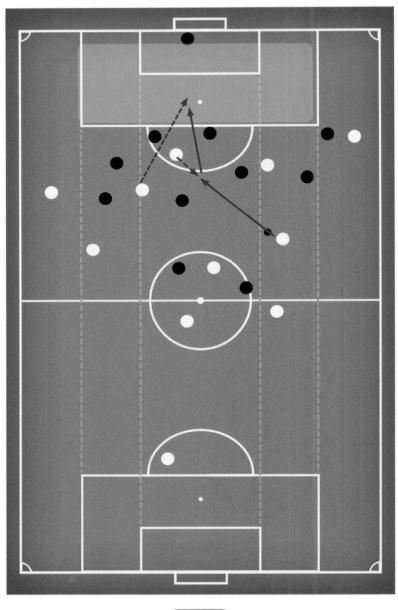

그림 80

뱀포드는 리즈의 시스템에서 주 득점원을 맡고 있지만, 밑으로 내려와 연계 플레이에 관여하며 공을 전진시키는 데도 열심이었다.

왕성한 활동량과 뛰어난 연계 플레이 능력 덕분에 뱀포드는 은케티아와의 주전 공격수 경쟁에서 승리할 수 있었다. 이 사례를 그림 80에서 볼 수 있다. 이는 리즈와 밀월의 경기 장면이다.

아일링이 오른쪽 하프 스페이스로 들어와 공을 잡고 있다. 페널티 지역으로 공을 전진시키려 하는데, 이때 뱀포드가 밑으로 내려오면서 전진 패스가 가능하도록 해준다.

최전방에 있던 뱀포드가 로테이션 움직임을 통해 아일링 쪽으로 내려오면서 공간을 만든 것이다. 뱀포드가 패스를 받는 순간, 그가 만들어놓은 공간으로 클리흐가 침투하고, 뱀포드는 페널티 지역 안으로 달려가는 클리흐에게 패스를 이어준다.

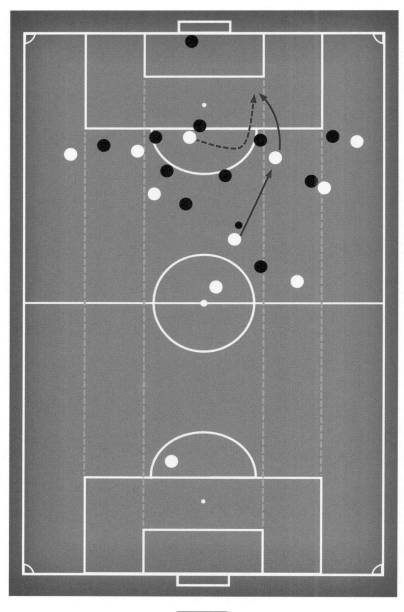

그림 81

뱀포드는 아주 지능적인 공격수다. 상대 수비 어깨 라인에 맞춰 서 있다가 공과 먼 쪽 사각으로 움직이는데, 그렇게 되면 수비수는 뱀포드를 놔두고 공에 집중하게 된다. 바로 그때 뱀포드는 빠른 움직임으로 수비를 따돌리고 패스를 받을 수 있는 공간으로 달려간다.

그림 81에서 이러한 움직임이 어떻게 통하는지를 볼 수 있다. 이는 리즈와 QPR의 경기 장면이다.

이번에는 빌드업 시작점에서 필립스가 공을 잡고 있다. 그는 파이널 서드로 수직 패스를 보내고, 이는 오른쪽 하프 스페이스에 있던 에르난데스에게 이어진다. 이때 상대 수비가 포지션에서 벗어나 에르난데스를 막으러 나오자, 뱀포드가 로테이션 움직임으로 수비수가 남겨둔 공간을 향해 파고든다.

이 과정에서 뱀포드의 움직임은 타이밍이 핵심이다. 수비수가 집중력을 에르난데스에게 돌리는 바로 그 순간에 빠르게 수비수의 앞으로 지나가는 것이다. 오프사이드에 걸리지 않도록 주의하면서 에르난데스에게 패스를 받을 수 있는 각도로 달려가고, 에르난데스는 뱀포드가 유효슈팅을 시도할 수 있도록 움직임에 맞춰 패스를 넣어준다.

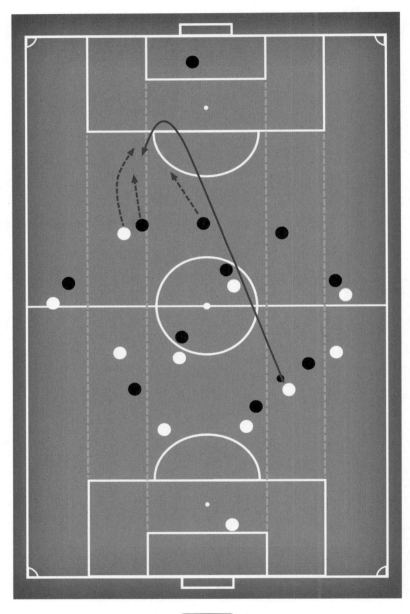

그림 82

리즈는 빠른 역습 상황에서 상대 수비 뒷공간으로 수직 패스를 보내려고 한다. 이번에도 뱀포드가 상대 수비수들로부터 멀어졌다가 후방에서 날아오는 패스를 받기 위해 공간으로 움직이는 모습을 볼 수 있다.

그림 82는 리즈와 스토크 시티의 경기로, 뱀포드가 역습 상황에서 간격을 만들어낸 뒤 패스를 받아 골을 터트리는 장면이다.

에르난데스가 아래쪽 하프 스페이스에서 공을 잡고 있다. 그는 공을 잡자마자 수직 패스를 노리는데, 이는 비엘사 감독의 지시대로다. 그리고 그 순간 뱀포드가 사인을 알아보고는 간격을 만든 뒤 수비 뒷공간으로 달려간다.

에르난데스가 패스를 올리는 순간에는 상대 수비가 뱀포드를 커버하고 있다. 그런데 뱀포드는 지능적으로 움직이는 각도를 바꿔 수비에게서 멀어지고, 이로 인해 수비수는 뱀포드에게 접촉을 하거나 질주를 방해할 수 없게 된다. 결국 뱀포드는 패스를 받아 수비수보다 앞서 골문을 향해 달려들어 득점으로 기회를 마무리한다.

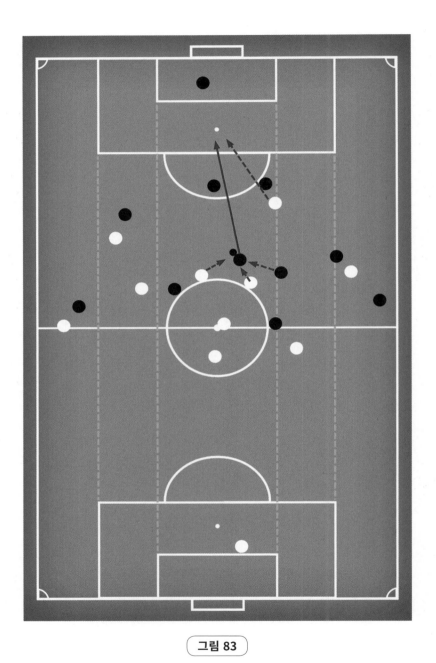

그림 83

뱀포드는 끊임없이 상대 수비 사이의 공간을 공략하는 선수다. 이는 심지어 상대가 공을 가진 순간에도 마찬가지다. 뱀포드는 리즈가 공을 빼앗을 경우 빠르게 움직여 상대 수비보다 좋은 위치에서 패스를 받을 준비를 한다.

그림 83에서 이러한 모습을 볼 수 있는데, 뱀포드가 블랙번 로버스를 상대로 득점하는 장면이다.

상대가 자기 진영에서 공을 빼앗은 상황이고, 리즈의 압박에서 벗어나려고 빌드업을 하고 있다. 뱀포드는 하프 스페이스와 중앙의 경계선에 위치하고 있다가, 경기 상황과 공의 위치를 면밀하게 관찰하면서 움직인다. 리즈가 압박을 통해 공을 곧바로 되찾게 되자, 뱀포드는 즉시 수비 사이 공간을 공략한다. 공을 되찾은 리즈 선수가 빠르게 패스를 이어주고, 이를 받은 뱀포드는 골을 터트린다.

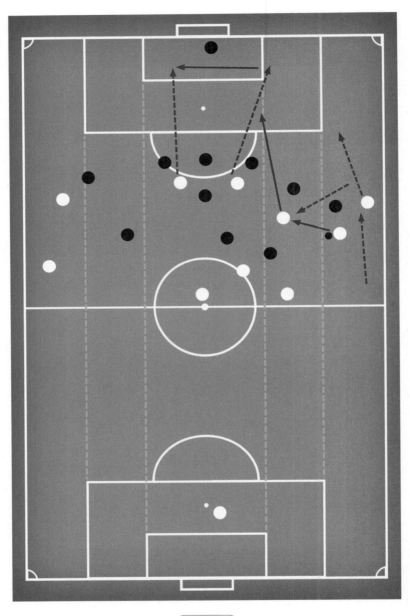

그림 84

뱀포드의 공격 본능은 비엘사 감독의 공격 콘셉트와 아주 잘 맞는다. 그는 리즈의 공격 움직임을 보면서 주변을 계속 맴돌고 있다가 공이 파이널 서드로 올라와서 득점 기회가 생기면 페널티 지역 안으로 파고들어 슈팅을 때리려고 한다.

이러한 모습을 그림 84에서 볼 수 있는데, 리즈가 로테이션 움직임과 함께 공을 수직으로 전진시켜 페널티 지역 안으로 보내고 뱀포드가 이를 골로 마무리하는 장면이다.

오른쪽의 에르난데스가 공을 가진 상황이고, 코스타가 안쪽으로 로테이션 움직임을 가져간다. 이로써 아일링이 측면에서 전진할 공간이 만들어지고, 상대 수비는 혼란에 빠지며 안쪽과 바깥쪽으로 움직이는 리즈 선수들 중 누구를 막아야 할지 모르게 된다.

그때 공이 코스타에게 연결되고, 코스타는 공간으로 파고드는 클리흐를 향해 수직 패스를 넣는다. 이를 받은 클리흐가 골문 방향으로 패스를 하고, 반대쪽 골대에서 뱀포드가 기다리고 있다가 골을 터트린다.

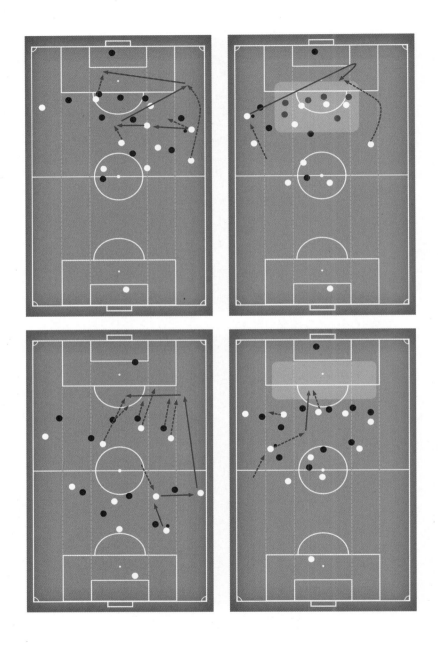

Chapter 15
골 장면 분석

지금까지 우리는 비엘사 감독이 2019/20 시즌 리즈를 지휘하며 프리미어리그 승격을 이뤄낸 전술 콘셉트가 실제로 어떻게 활용됐는지를 살펴봤다. 수직성과 로테이션 움직임의 중요성을 알 수 있었고, 수비 시에는 비엘사가 선수들에게 어떤 지시를 하는지도 보았다. 또한, 핵심 선수들의 배경 이야기들도 살펴보는 시간을 가지며 리즈에 오기 전에는 어떻게 활약했고, 리즈에 와서는 비엘사의 게임 모델과 콘셉트에 어떻게 적응했는지도 보았다.

이제 남은 것은 리즈가 시즌 내내 득점한 골들 중 개인적으로 가장 좋아하는 몇몇 장면을 살펴보며 비엘사의 콘셉트를 더 살펴보는 일이다.

시작하기에 앞서 여기서 소개한 골들은 최고의 장면부터 순서대로 꼽은 것은 아니라는 것을 언급하고 싶다. 이 책을 통해 알리고자 했던 비엘사의 콘셉트를 더욱 강조하려는 의도로 배치했다.

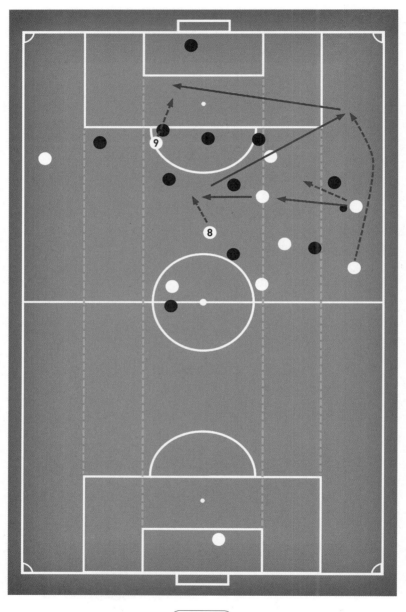

그림 85

1) 패트릭 뱀포드 v 밀월, 2020년 1월 28일

첫 번째 골은 파이널 서드에서 수적 우위를 점하고 로테이션 움직임을 가져가는 콘셉트로, 9번 뱀포드가 뛰어난 연계 플레이를 통해 득점 기회를 맞이하는 장면이다. 그림 85에서 볼 수 있다.

　오른쪽 측면의 코스타가 공을 갖고 있는 상황인데, 상대 수비 블록이 잘 정돈돼 보인다. 코스타는 하프 스페이스에 위치한 에르난데스에게 패스를 건네 공을 안쪽으로 연결한다. 코스타는 이 패스를 차는 즉시 직접 하프 스페이스로 이동하며 상대 수비를 끌고 들어간다.

　아직은 연계 플레이가 완전히 이뤄지지 않았다. 에르난데스가 다시 한 번 측면 패스를 전진해 있던 8번 클리흐에게 연결한다. 이때 비어 있는 측면 공간으로 라이트백인 아일링이 공이 없는 상황에서의 움직임을 가져간다. 클리흐가 대각선으로 패스를 보내자, 아일링이 이를 받아 골문을 향해 달려간다.

　아일링이 공을 잡은 순간 페널티 지역 반대편에 있던 뱀포드가 상대 수비를 따돌려 골대 쪽으로 달려오고, 아일링의 크로스를 받아 골을 터트린다.

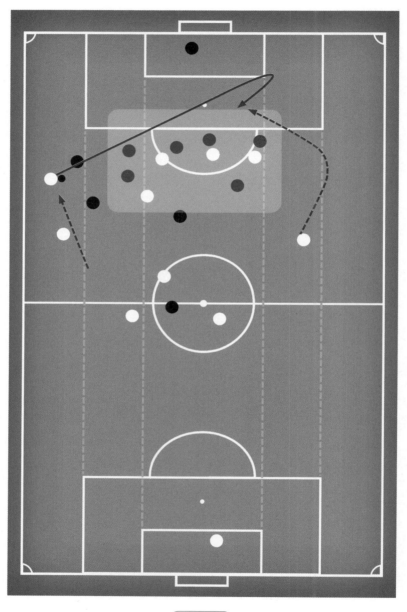

그림 86

2) 루크 아일링 v 허더즈필드 타운, 2020년 3월 7일

다음으로는 라이트백인 아일링이 드물게 직접 득점하는 모습을 보겠다. 이 골 또한 수적 우위와 로테이션 움직임을 잘 보여주는 동시에, 공격 시에 측면 공간을 활용해서 상대 수비 간격을 넓히는 것을 잘 보여주는 예시다.

이번에는 왼쪽 하프 스페이스에서 에르난데스가 공을 가진 채 공간이 있는 측면으로 올라가고 있다. 페널티 지역 중앙 부근에는 리즈가 많은 공격 자원들을 배치해서 촘촘한 공간을 장악하고 있는 모습을 볼 수 있다. 이 공간을 장악하자 반대편 골대 쪽은 공간이 비어서 공략이 가능해졌다.

뒤쪽에 있던 아일링이 반대편 페널티 지역으로 돌아 들어가고, 상대는 이 움직임을 견제하지 못했다. 결국 아일링은 에르난데스의 크로스를 받아 골을 터트린다.

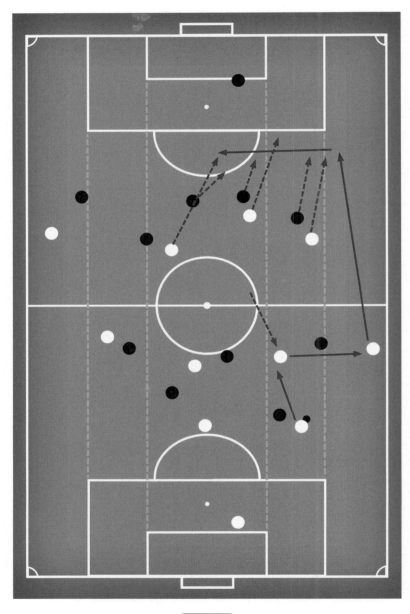

그림 87

3) 파블로 에르난데스 v 스토크 시티, 2020년 7월 9일

이번에는 에르난데스가 같은 경기에서 득점한 두 골 중 첫 번째 골 장면을 보겠다. 유려한 패스 흐름을 페널티 지역 모서리에서 받아 골을 터트리는 장면이다. 이 골의 핵심 콘셉트는 공이 상대 수비 블록을 뚫고 빠르게 수직 방향으로 올라가는 것이다.

처음에는 수비진의 화이트가 공을 갖고 있다. 클리흐가 수직 패스를 받을 수 있게 내려간 뒤 화이트로부터 패스를 받자 상대 수비수가 따라와서 압박을 가한다. 이때 클리흐는 라이트백인 아일링에게 곧바로 패스를 내주고, 아일링은 또다시 수직 패스를 통해 상대의 측면 수비 뒷공간으로 침투하는 코스타에게 공을 보낸다.

이 시점에 리즈의 공격수들과 상대 수비수들은 모두 페널티 지역에서 가장 좋은 위치를 선점하려 하고 있다. 패스는 다시 안쪽으로 이어지고, 뱀포드가 패스를 받는 듯한 속임 동작으로 상대 수비를 혼란스럽게 한다. 그렇게 틈이 생기자 에르난데스가 공을 잡아 놓은 뒤 상대 골문 안으로 깔끔하게 차 넣는다.

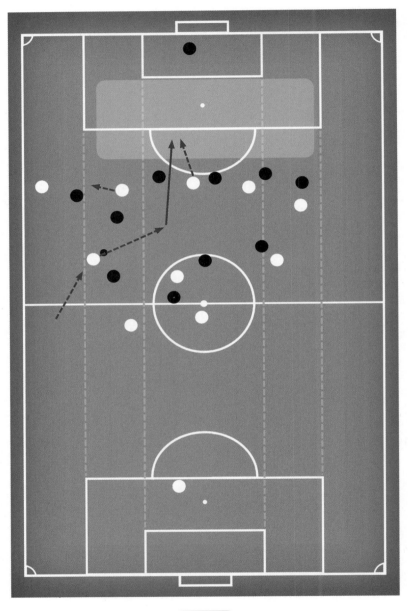

그림 88

4) 엘데르 코스타 v 스토크 시티, 2020년 7월 9일

이 골 장면의 핵심 콘셉트는 로테이션 움직임과 수직성이다. 코스타가 상대 수비 뒷공간으로 파고들어 득점 기회를 마무리하는 장면을 그림 88에서 볼 수 있다.

이번에는 댈러스가 기회를 만들어낸다. 그는 레프트백 위치에서 직접 공을 몰고 안쪽 하프 스페이스로 들어오는데, 이때 에르난데스가 안쪽에서 바깥쪽으로 움직이며 상대 수비를 끌어내 공간을 창출한다. 이렇게 상대 수비를 끌어내 공간을 만들어서 댈러스가 공을 갖고 전진할 수 있게 하는 것이다.

앞쪽에는 코스타가 정확한 타이밍에 수비 뒷공간으로 침투하고, 댈러스는 상대 골키퍼와 수비진 사이 공간으로 패스를 연결해 득점 기회를 만든다.

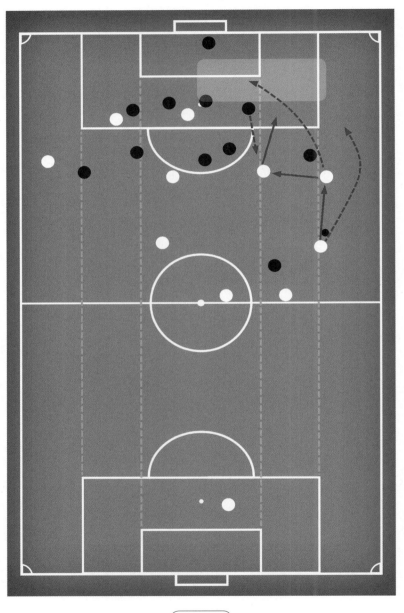

그림 89

5) 스튜어트 댈러스 v 찰턴 애슬레틱, 2020년 7월 22일

이 예시의 핵심 콘셉트는 수적 우위와 로테이션이다.

그림 89는 리즈의 오른쪽 측면 수비에서부터 빌드업이 시작돼 연계 플레이로 상대 수비를 뚫고 득점 기회를 만드는 장면이다.

측면의 아일링이 공을 잡고 있다가 앞쪽의 댈러스에게 패스를 연결한다. 댈러스는 공을 받자마자 안쪽 하프 스페이스에 있던 에르난데스에게 패스한다. 이때 아일링이 측면 공간으로 오버래핑해서 상대 수비의 주의를 끄는 게 핵심이다. 댈러스도 비슷한 움직임으로 페널티 지역을 향해 달려간다.

에르난데스는 수비 다리 사이로 침투 패스를 보내 댈러스에게 공을 전달하고, 이를 받은 댈러스는 골을 터트린다.

결론

비엘사 감독은 2019/20 시즌을 통해 리즈를 프리미어리그로 승격시키며 전설로 남게 됐다. 설령 승격을 하지 못했더라도 전설적인 시즌이었다고 할 수 있었을 것이다. 감독이 새로 부임하는 팀과 딱 맞게 어울리는 경우가 있다. 단순히 축구 내적인 요소만이 아니라, 그 도시의 특성에도 잘 적응하면 곧바로 전설적인 대우를 받는다. 리버풀의 클로프 감독도 그렇고, 리즈의 비엘사 감독도 마찬가지다.

비엘사는 리즈 팬들이 진정으로 원하던 한 가지를 선사했다. 도시의 이미지에 맞게 활력이 넘치고 끈질기며 공격적인 축구를 펼친 것이다. 비엘사가 오자마자 리즈는 팬들이 갈망하던 축구를 펼치기 시작했고, 점차 전세계 팬들도 주목하게 됐다. 그러자 언론들도 리즈의 열기에 대해 더 관심을 가지고 보도하기 시작했다. 하지만 이런 일들은 중요하지 않다. 리즈 팬들은 이미 '광인' 비엘사 감독을 자신들의 일원으로 받아들이고 전적인 지지를 보내왔기 때문이다.

2019/20 시즌이 진행되는 동안 리즈 시내의 풍경을 보면, 거리나 공원을

산책하거나 슈퍼마켓 또는 커피숍에 있던 비엘사 감독을 발견한 팬들이 함께 셀카를 찍어 소셜 미디어에 공유하는 것을 볼 수 있었다. 리즈는 겸손하고 허세가 없는 도시인데, 비엘사 감독은 손에 꼭 맞는 장갑처럼 어울렸다. 그가 처음 유럽 무대로 왔던 빌바오에서와 마찬가지였다.

이 책에서 다룬 콘셉트들은 리즈 팀의 기술적이고 전술적인 구조라고 할 수 있다. 비엘사는 선수들에게 공이 있을 때와 없을 때 어떻게 움직여야 하는지 지시를 내렸고, 이는 선수들이 감독의 요구가 무엇인지를 이해하는 데 참고가 됐다. 시즌을 진행하면서 선수들이 비엘사 감독의 콘셉트를 완전히 체득해가는 모습은 주목할 만했다. 로테이션으로 움직이며 수적 우위를 가져갔고, 전력을 다해 공격하고 수비한 결과 엄청난 성공을 거둘 수 있었다. 리즈의 공격 앞에 상대는 쉽게 무너졌다.

개인적으로 축구의 재미는 매우 주관적이라고 생각한다. 독자와 필자가 나란히 앉아 같은 경기를 보더라도 전혀 다른 시각을 가질 수 있을 것이다. 0-0으로 끝나는 경기는 때로 지루할 수도 있지만, 서로를 막아낸 전술적인 싸움을 흥미롭게 볼 수도 있다. 이 책을 읽은 분들은 필자가 후자에 속한다는 사실이 놀랍지 않을 것이다.

그러나 축구 전술을 너무 복잡하게 받아들일 필요도 없다. 개인적으로 꼭 바라는 점은 이 책에서 다룬 콘셉트가 이해하기 쉽고 즐겁게 다가갔으면 하는 것이다.

헌신으로 집필한 이 책을 시간을 들여 읽어주신 독자분들께 감사드린다.

마르셀로 비엘사
'광인' 비엘사의 리즈 유나이티드 전술 콘셉트

1판 1쇄 | 2021년 7월 26일
지 은 이 | 리 스콧
옮 긴 이 | 이 용 훈
발 행 인 | 김 인 태
발 행 처 | 삼호미디어
등   록 | 1993년 10월 12일 제21–494호
주   소 | 서울특별시 서초구 강남대로 545–21 거림빌딩 4층
          www.samhomedia.com
전   화 | (02)544–9456(영업부) / (02)544–9457(편집기획부)
팩   스 | (02)512–3593

ISBN 978–89–7849–641–4 (13690)